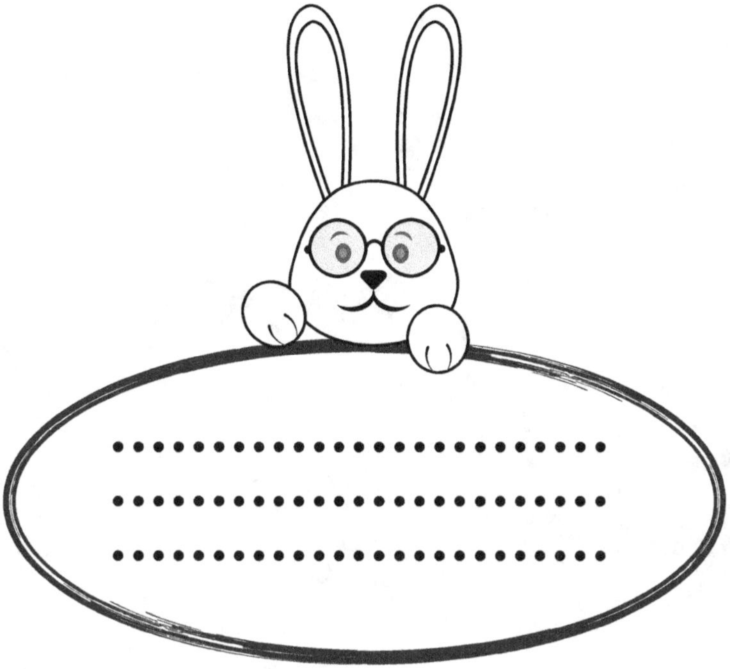

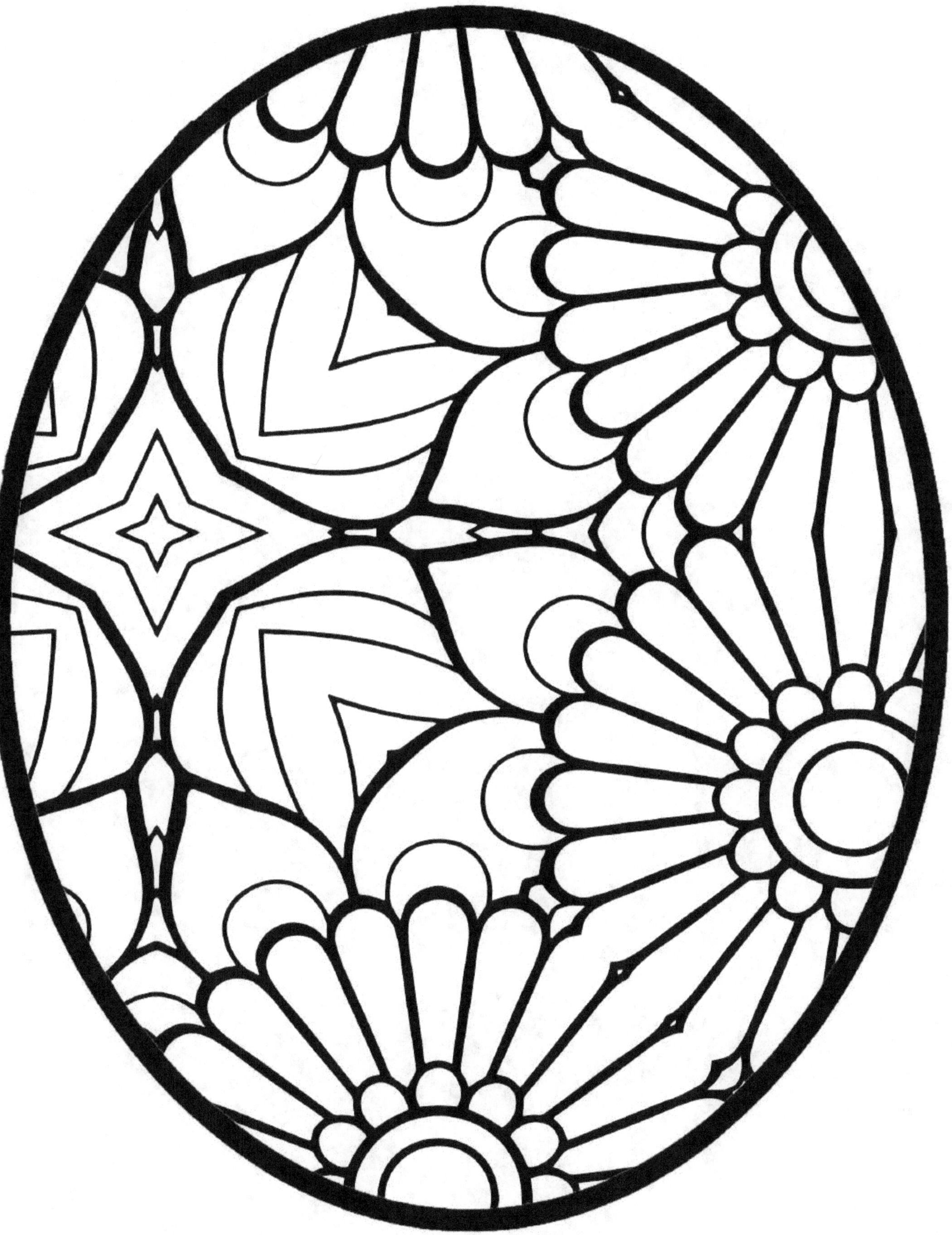

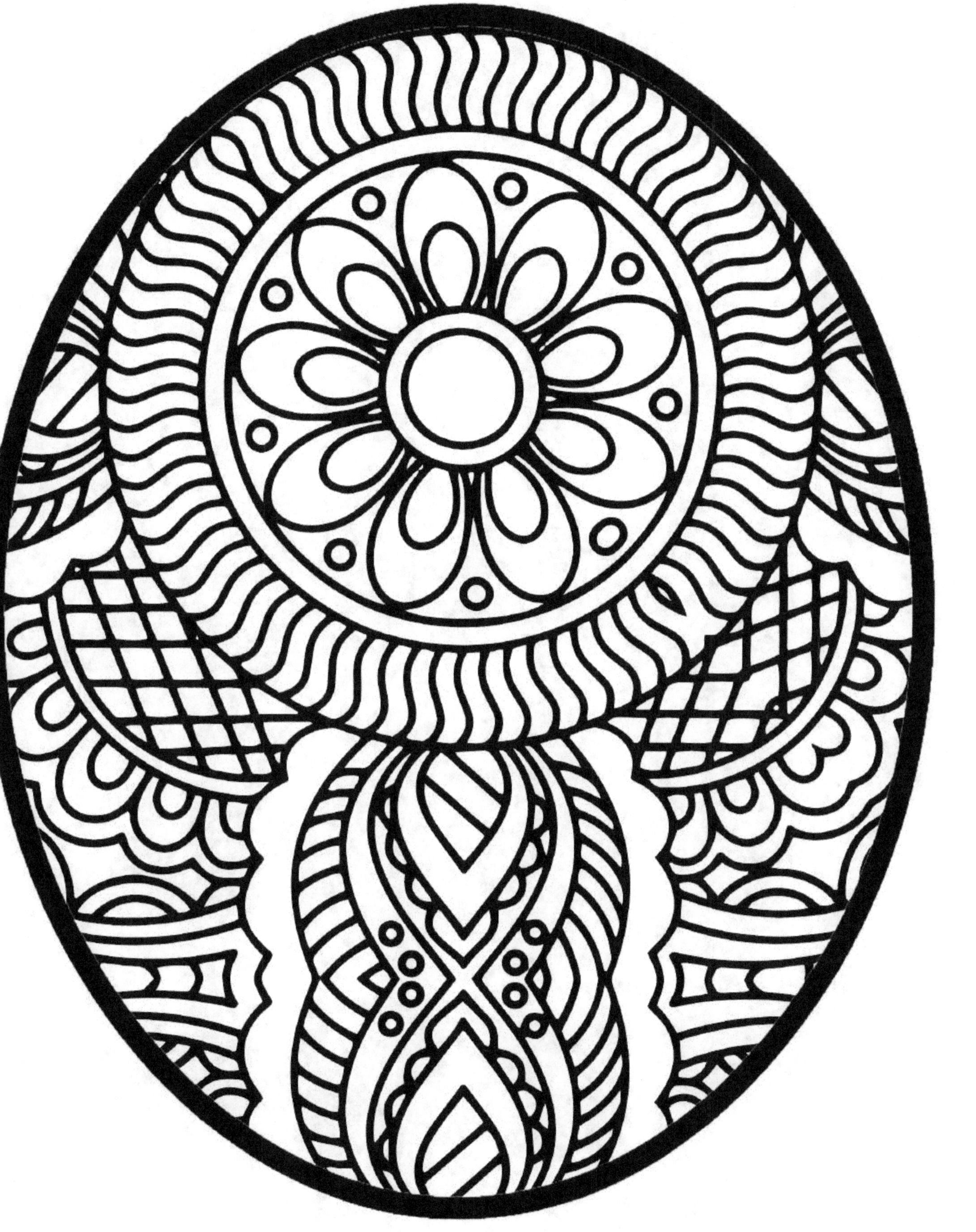

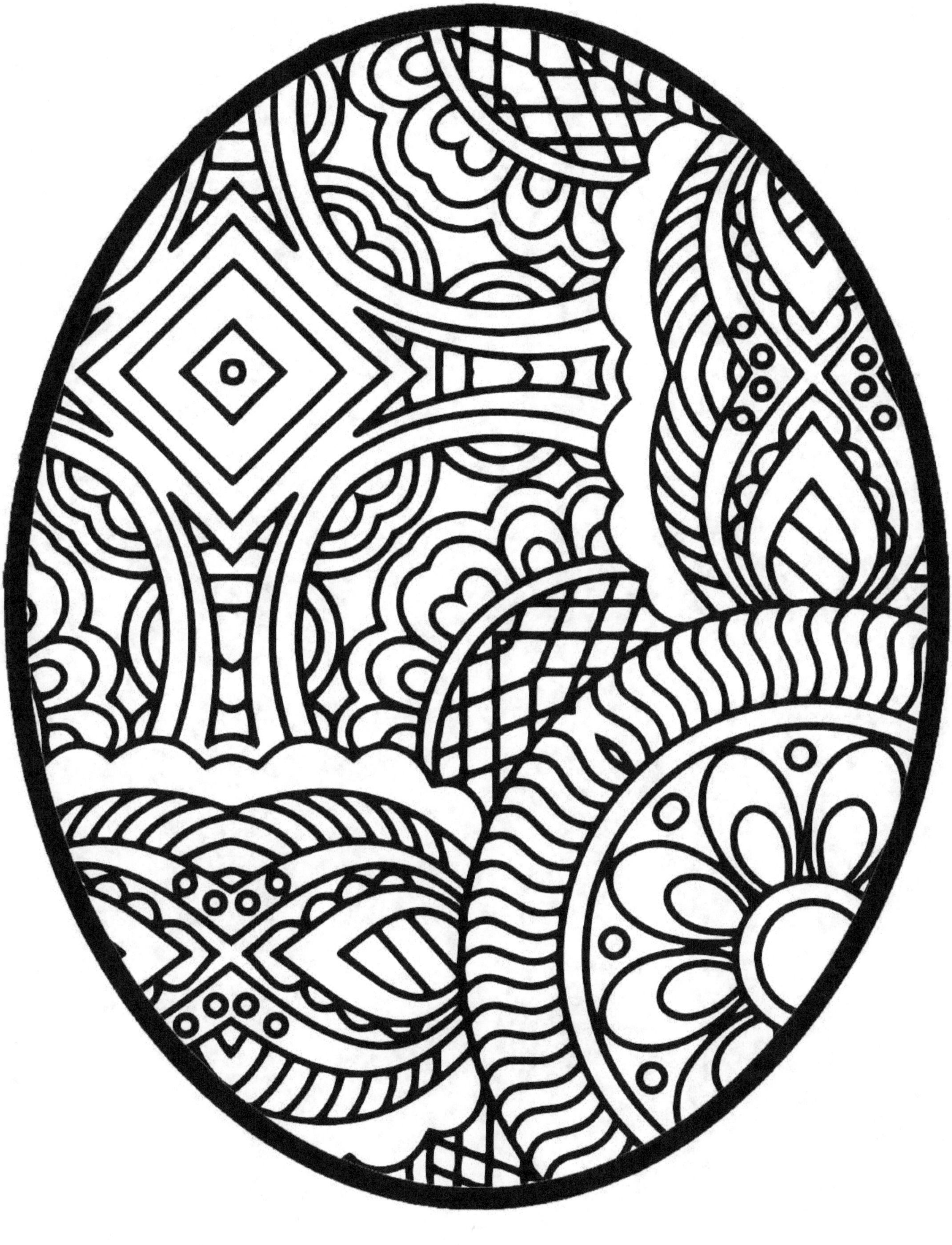

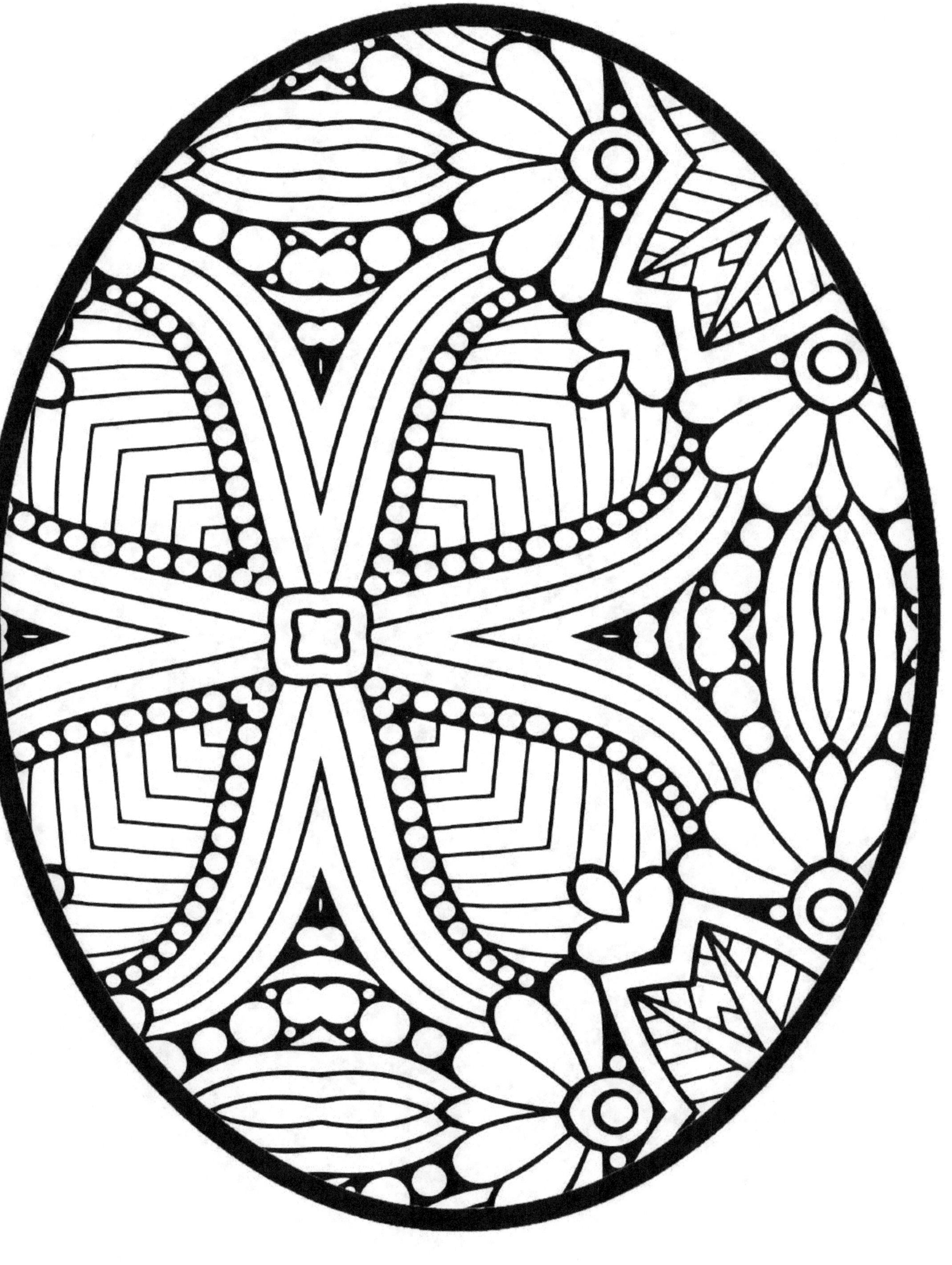

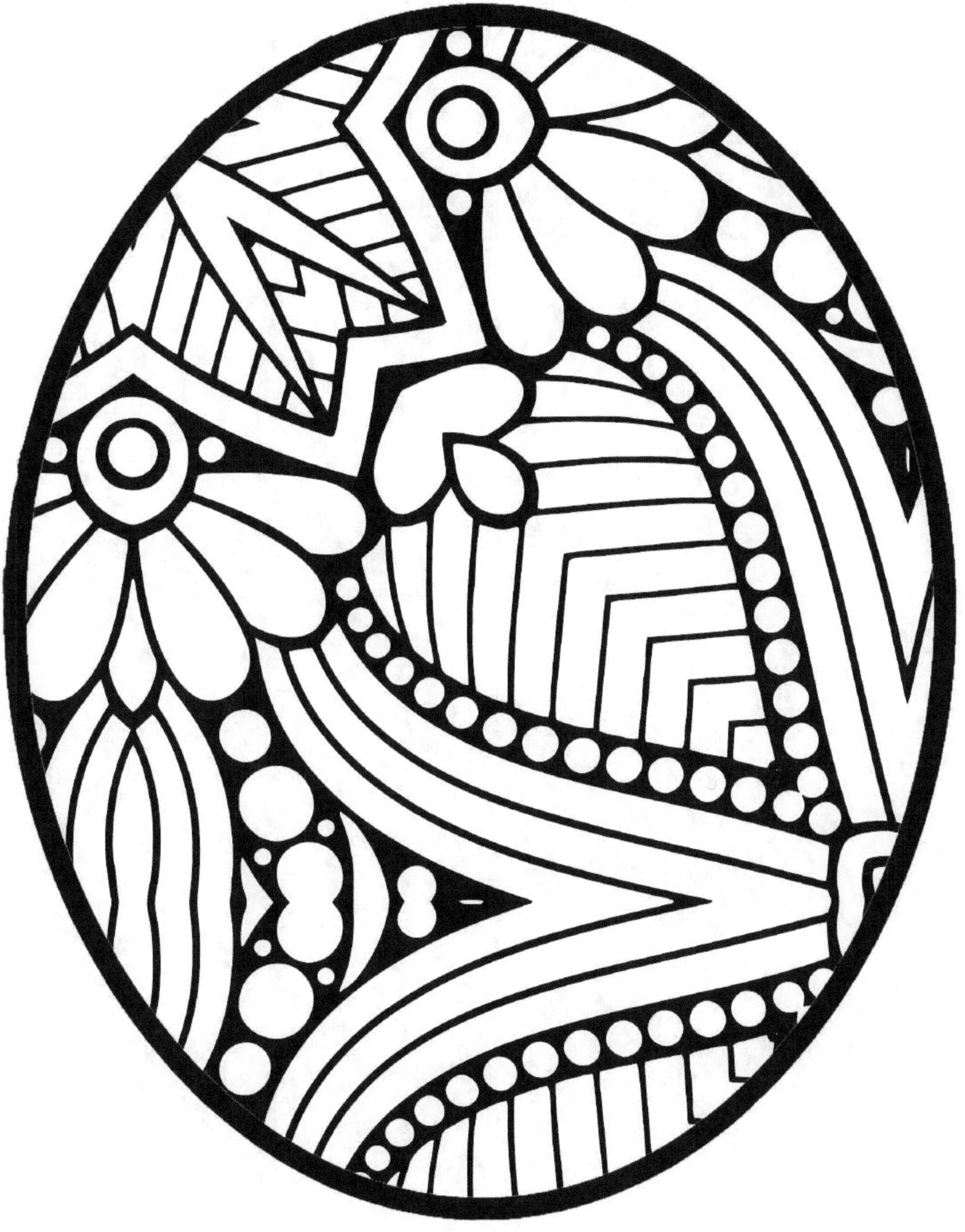

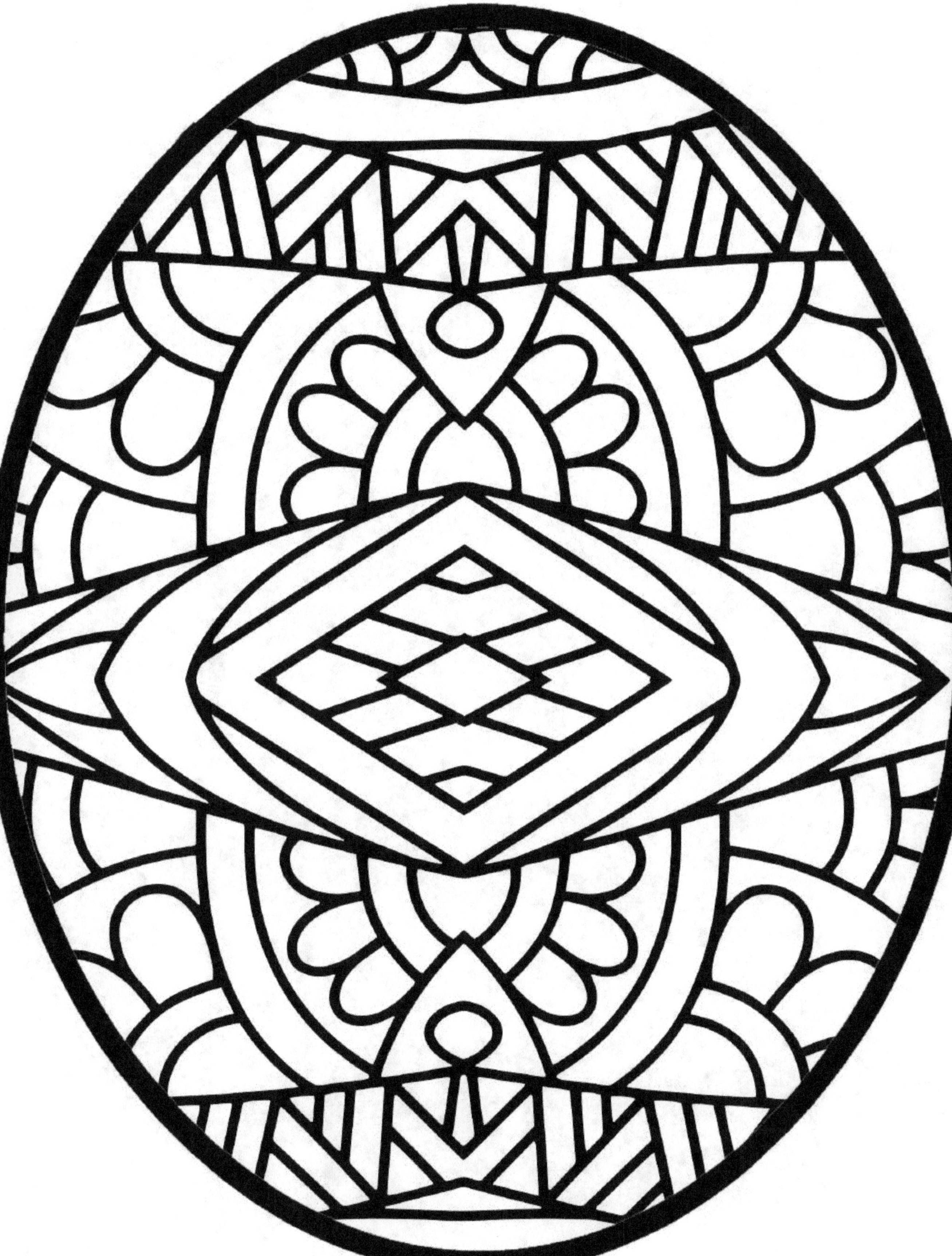

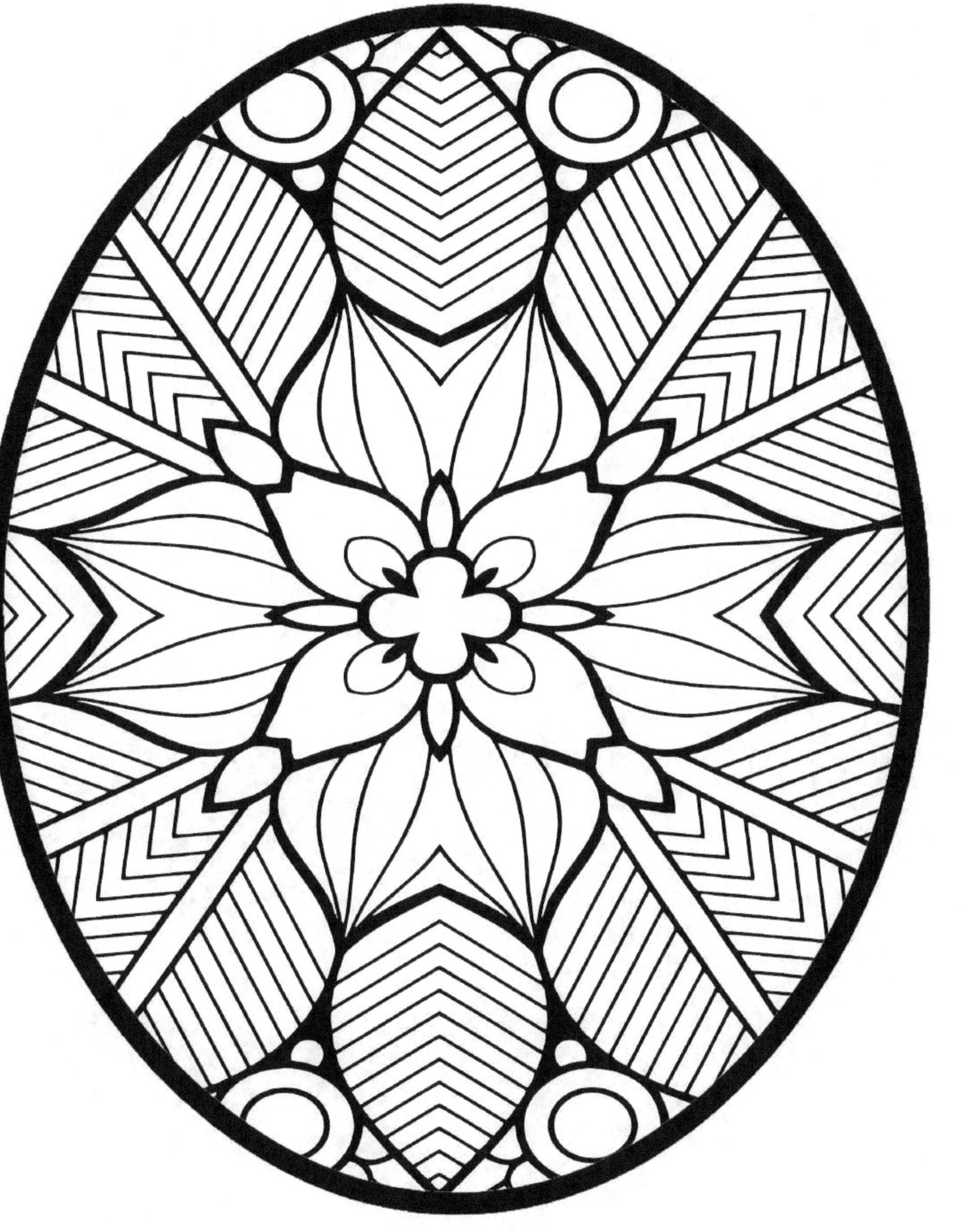

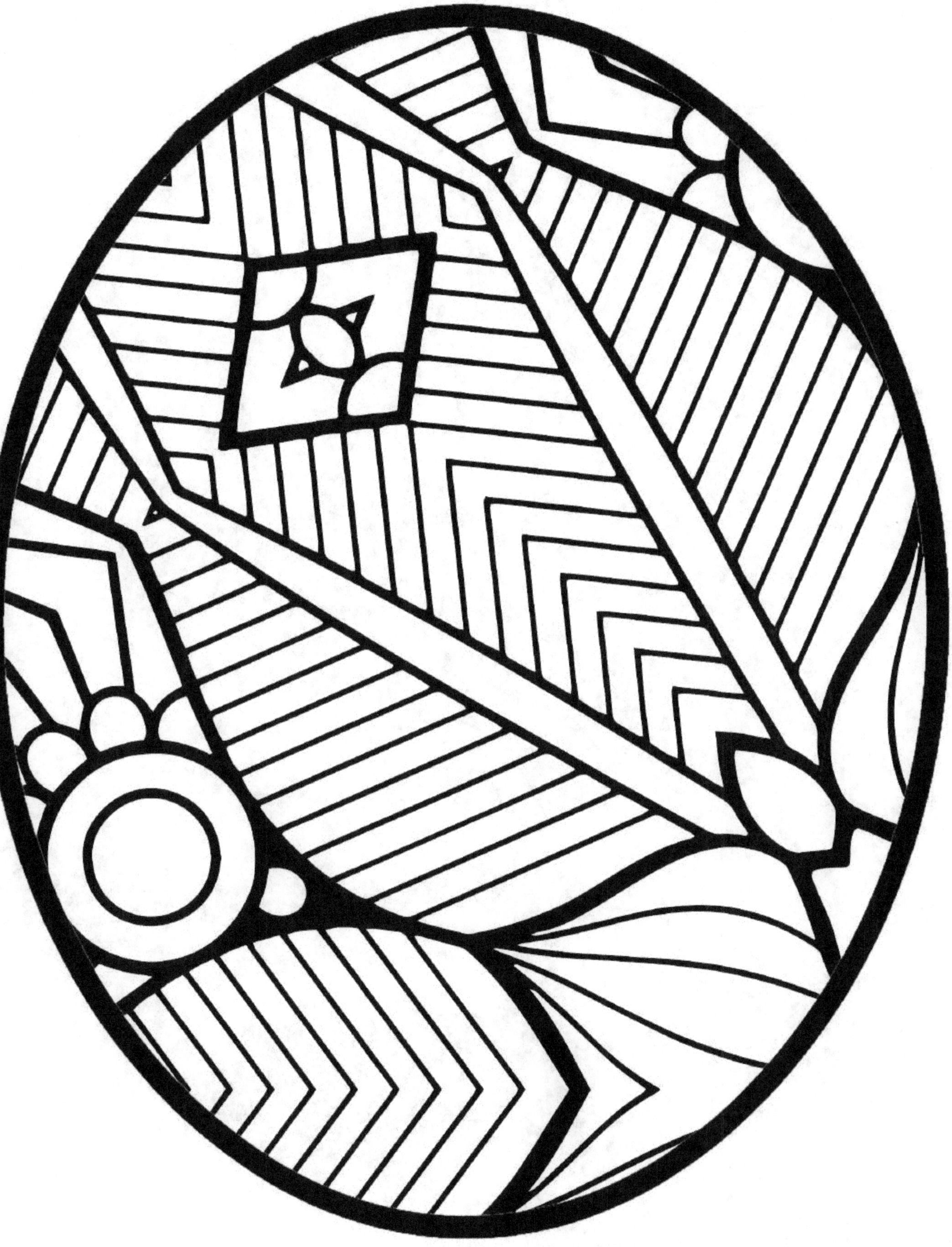

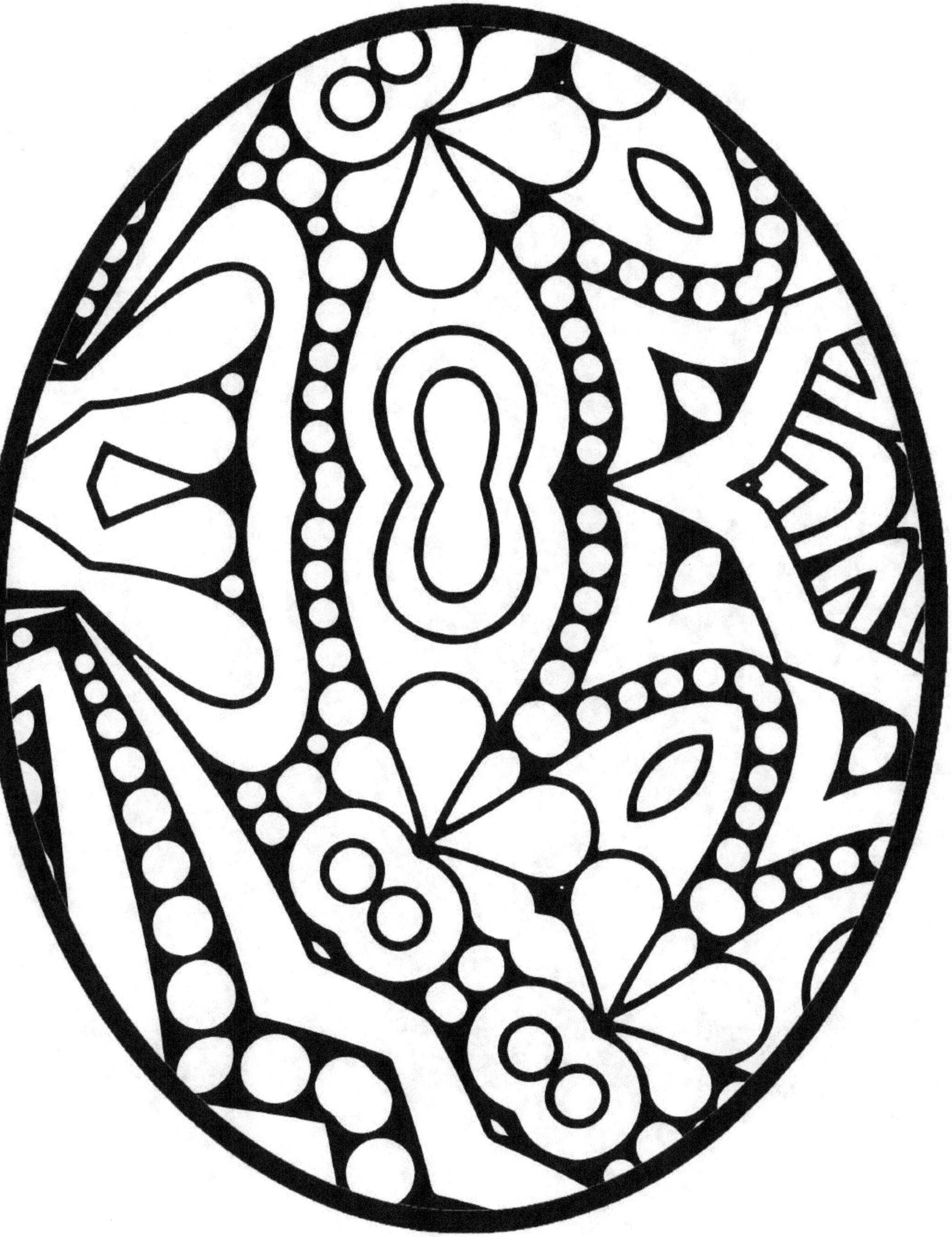

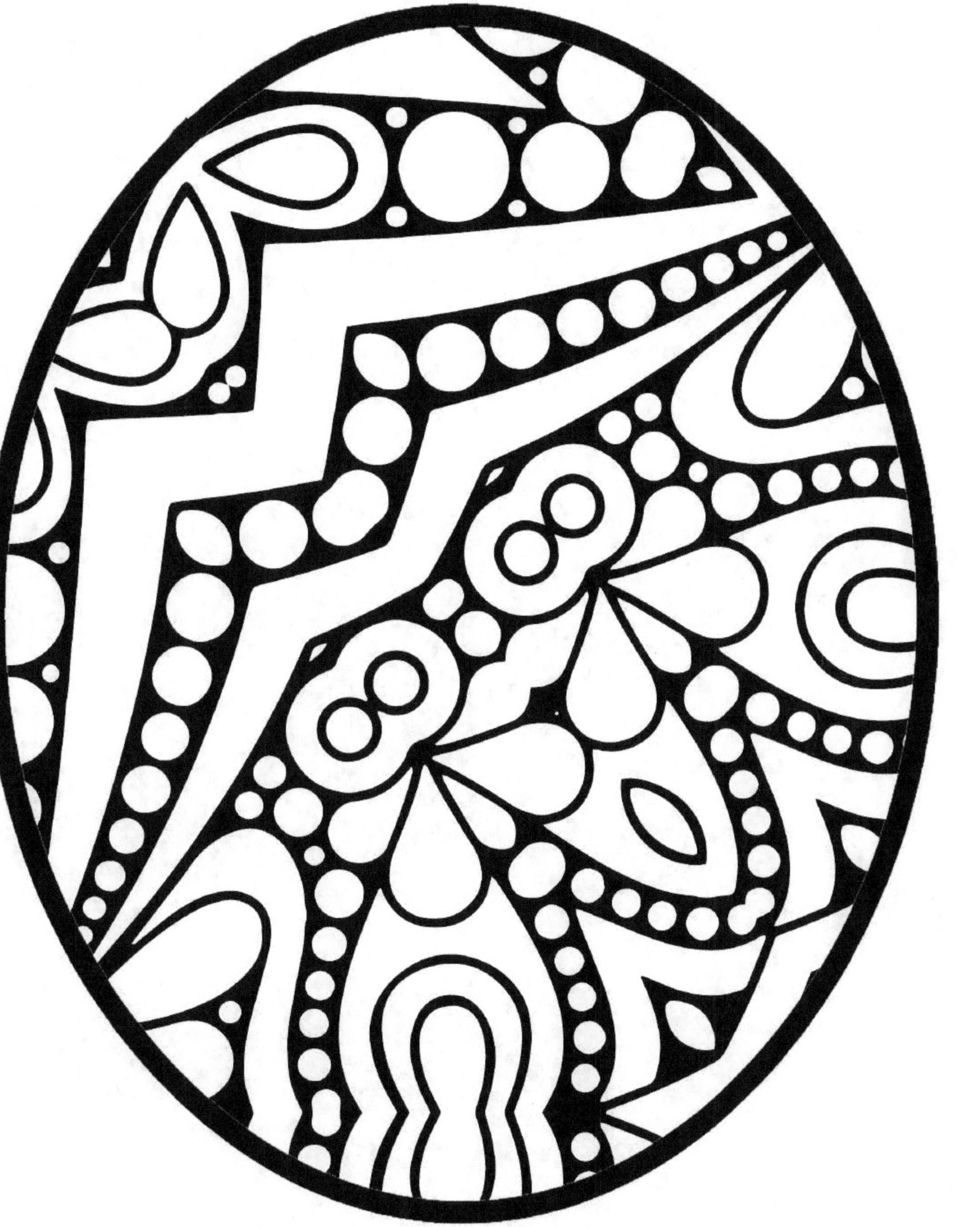

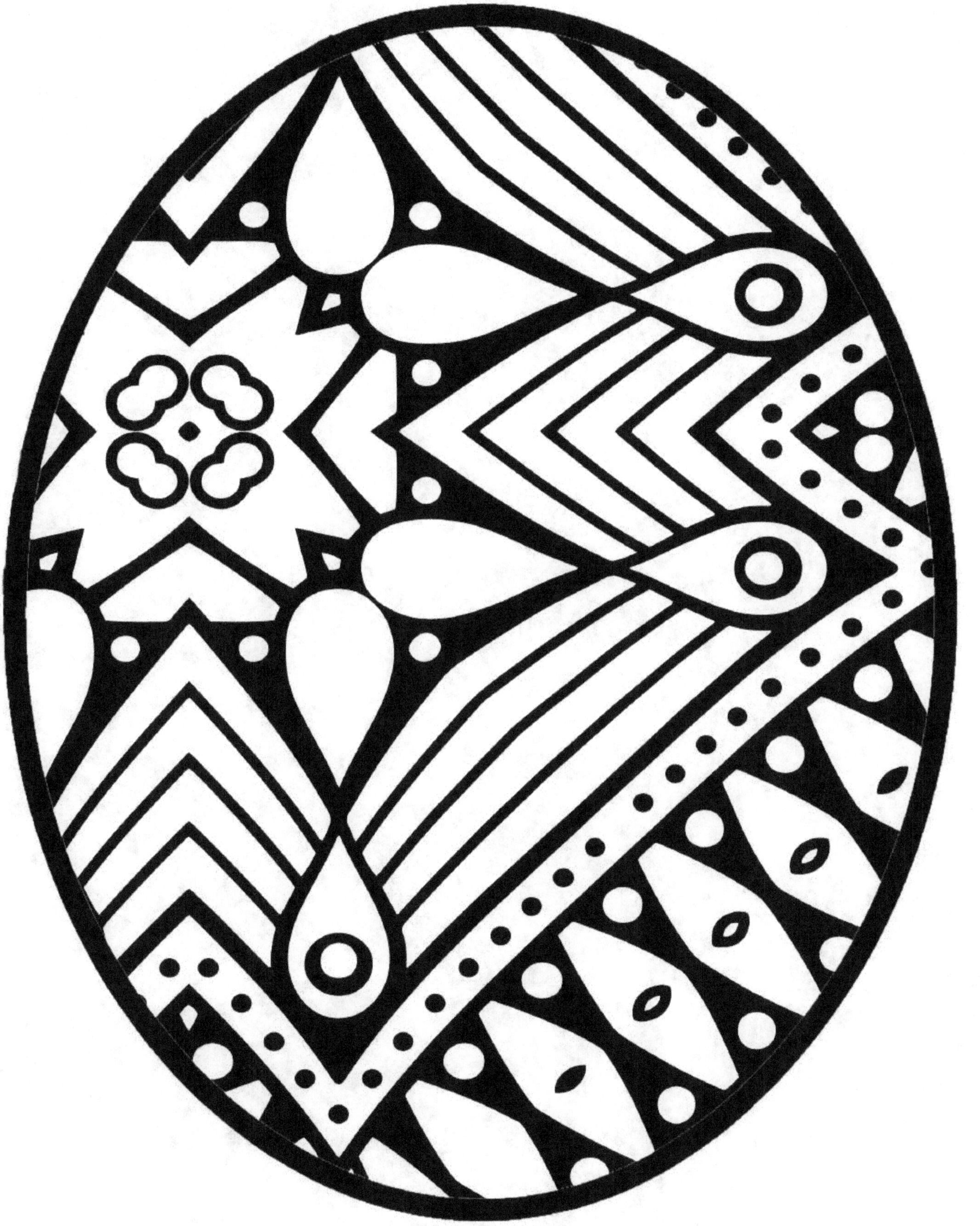

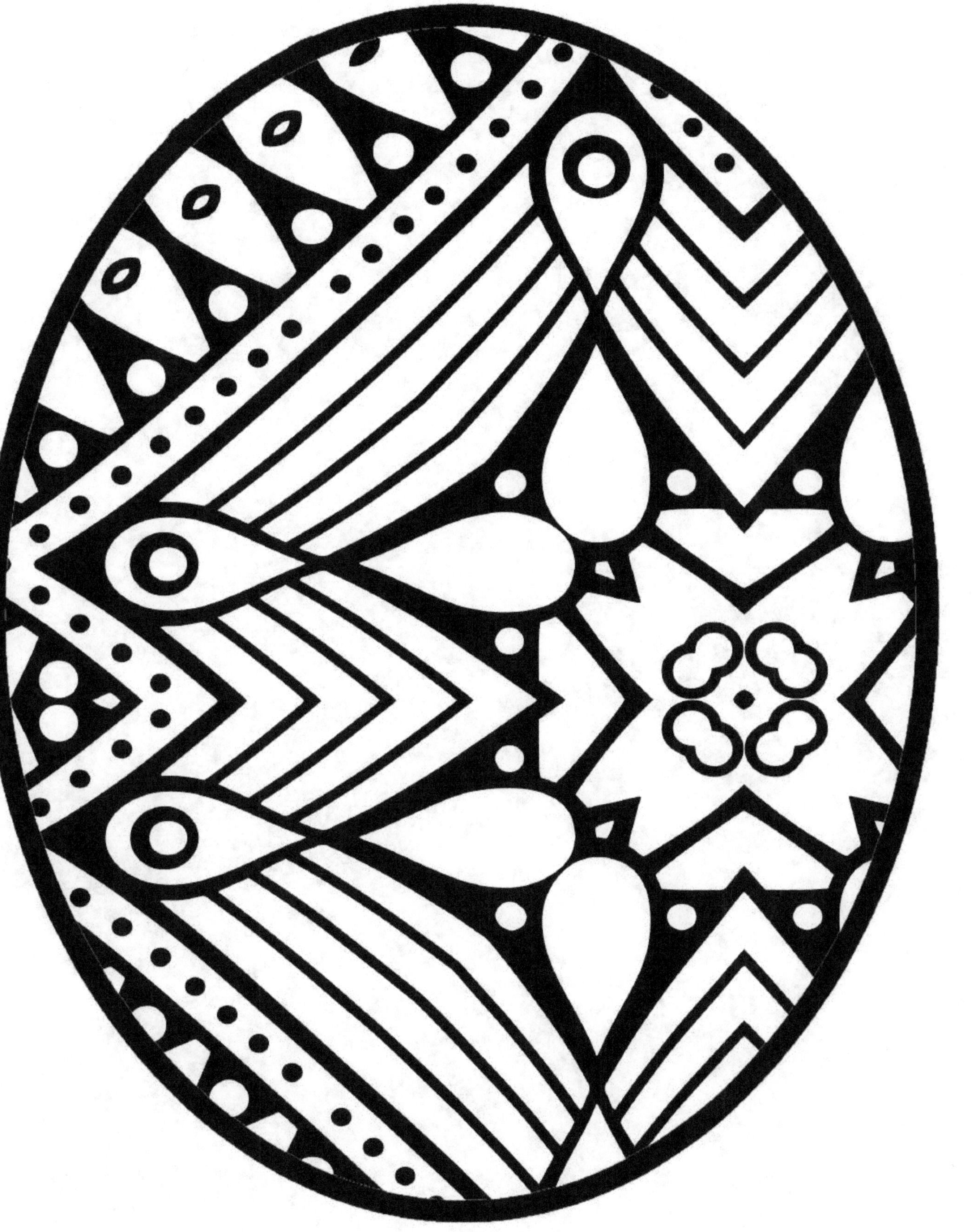

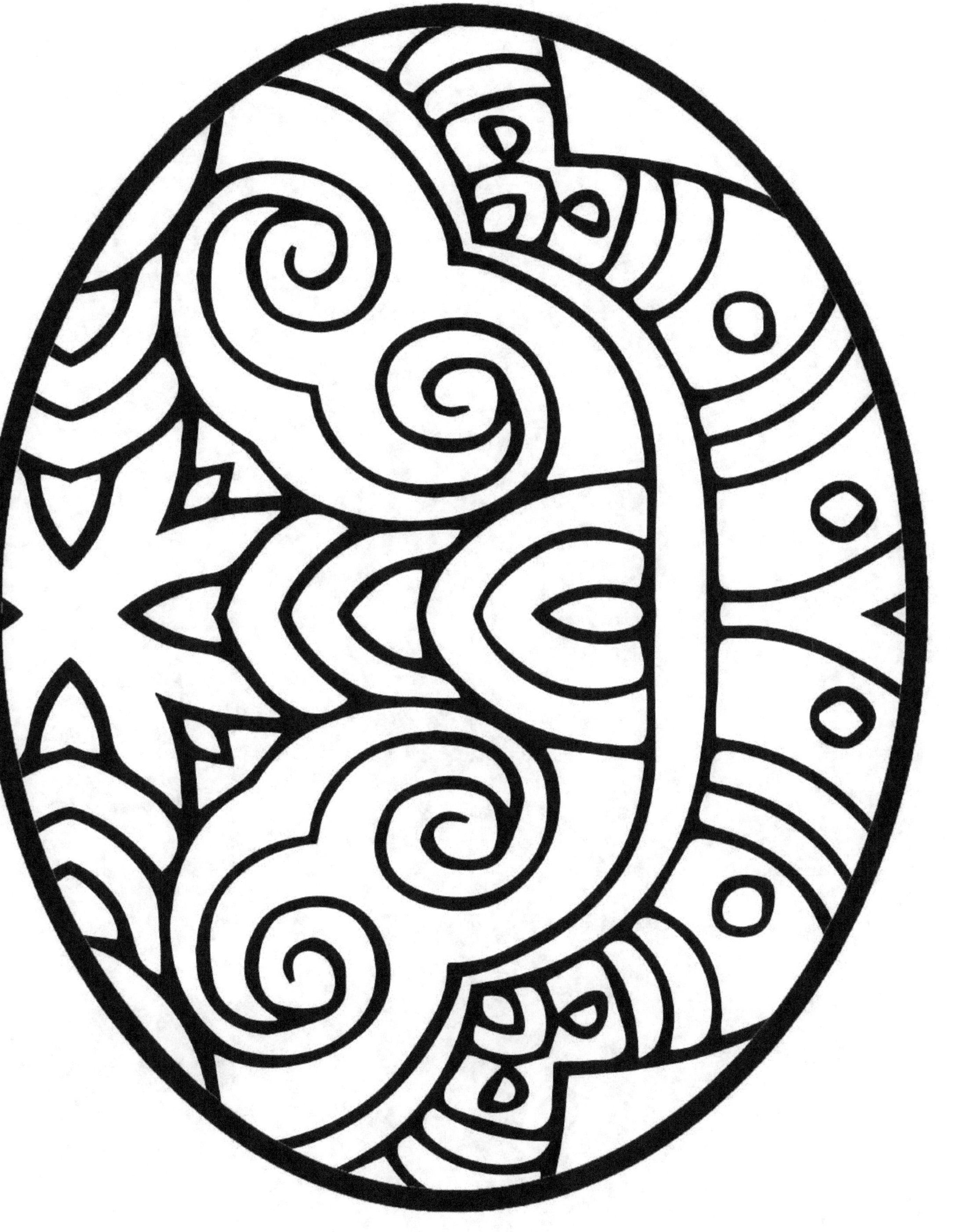

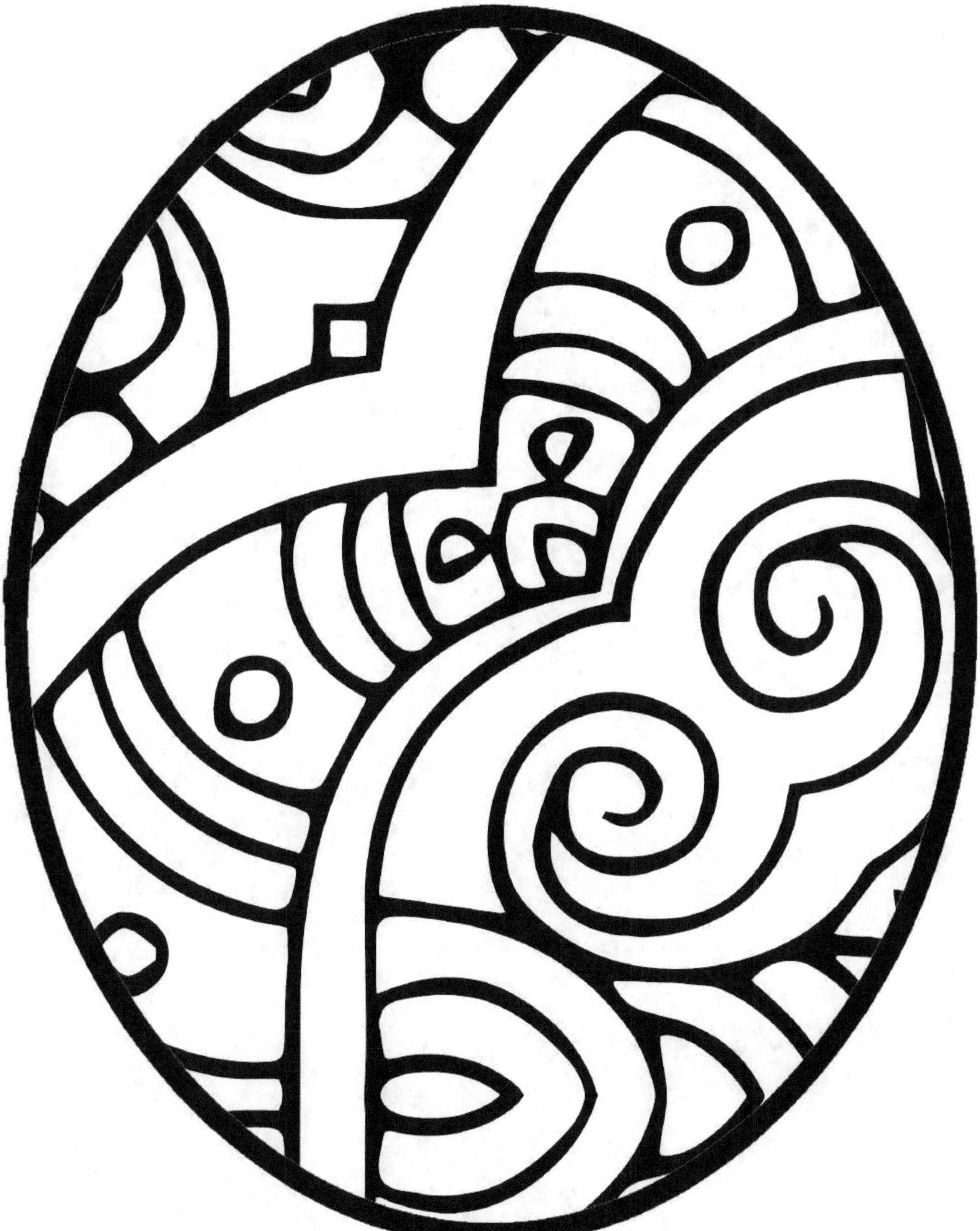

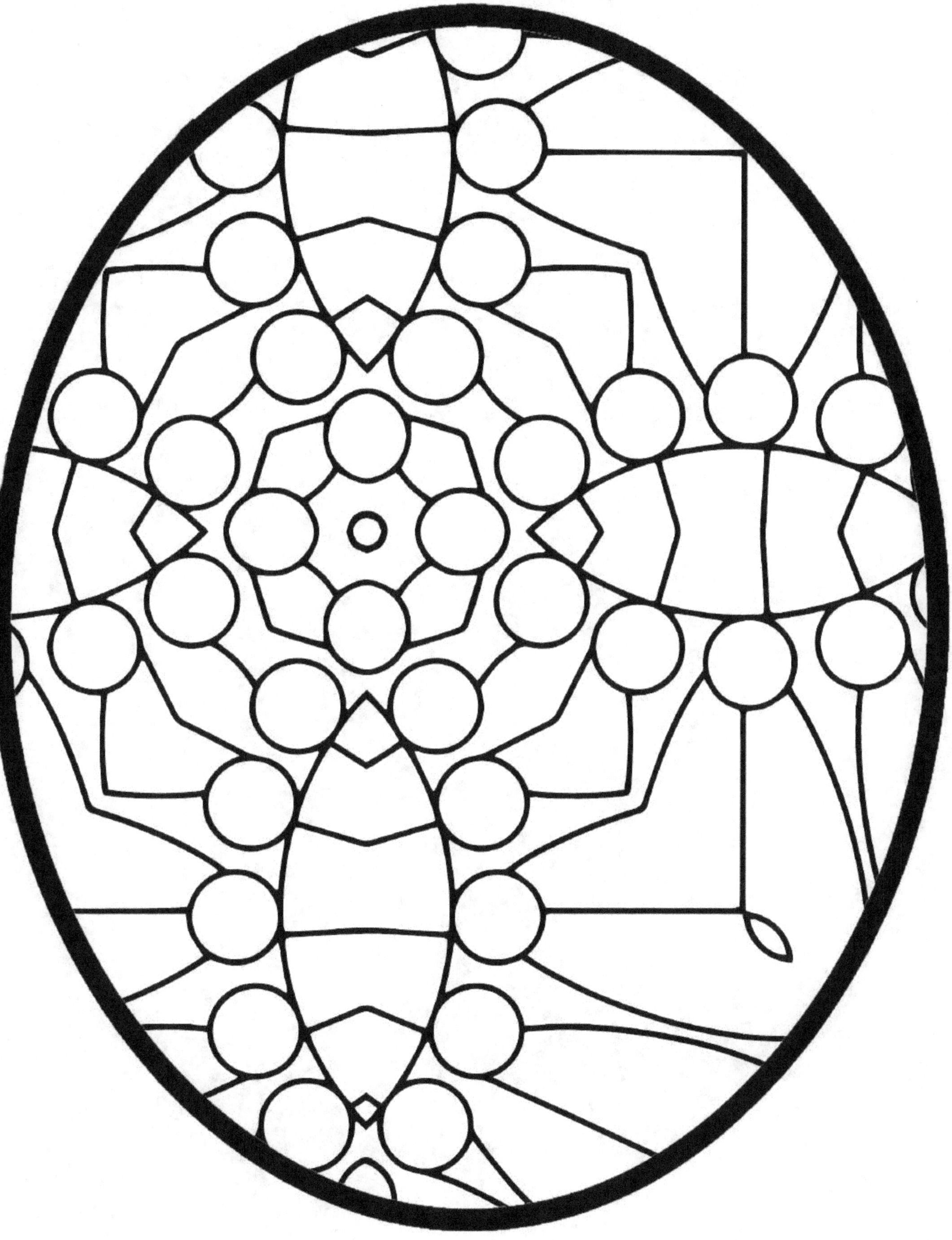

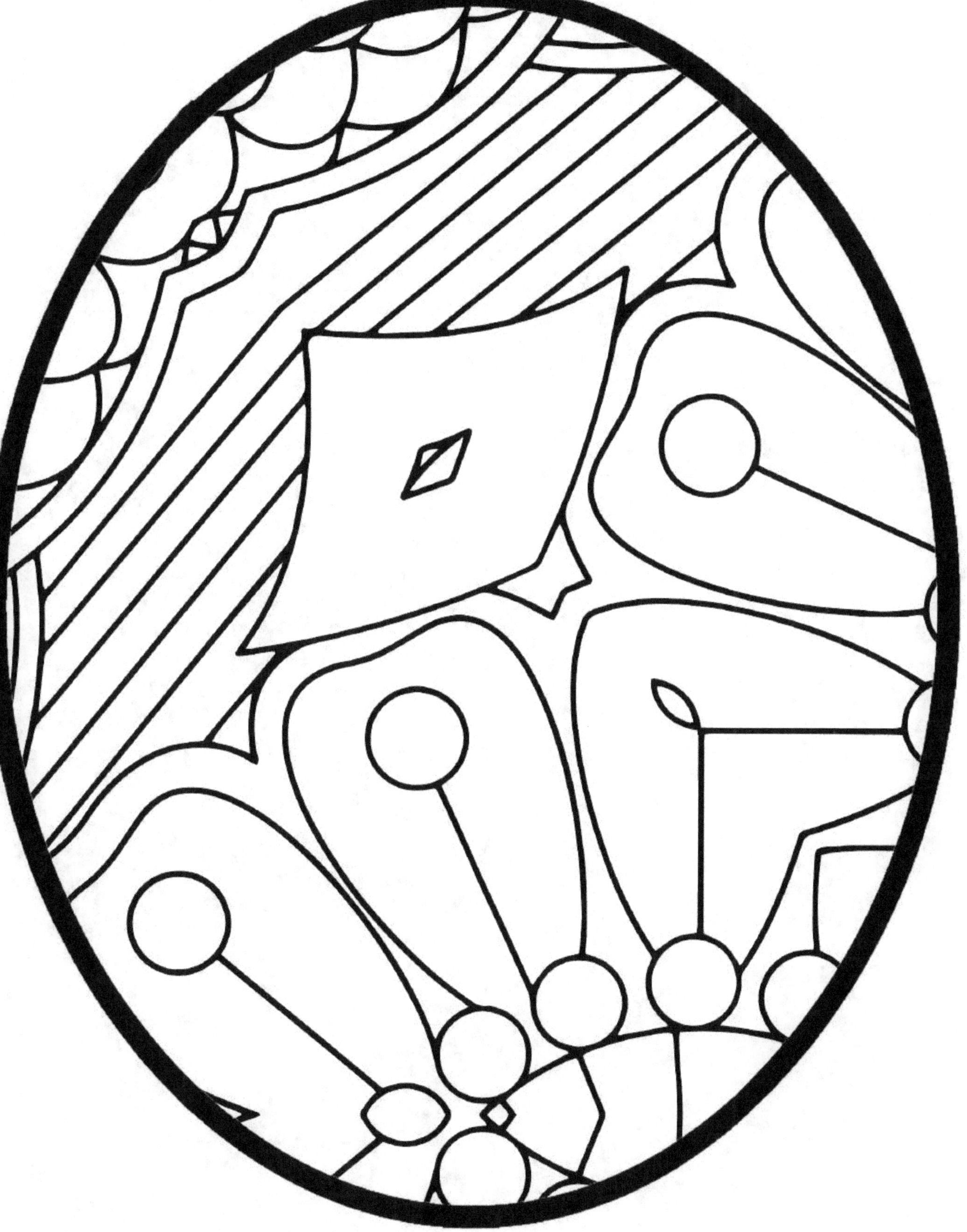

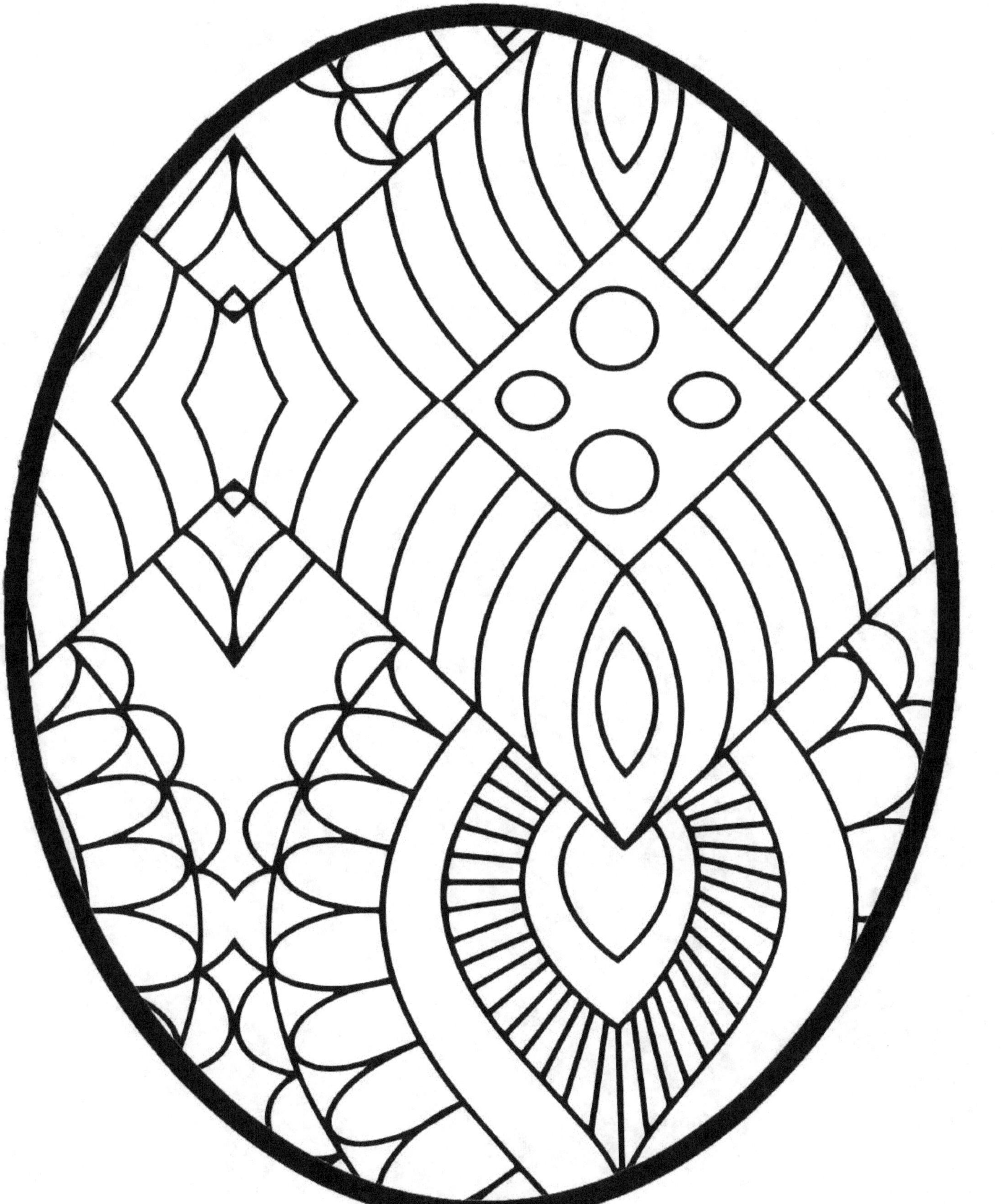

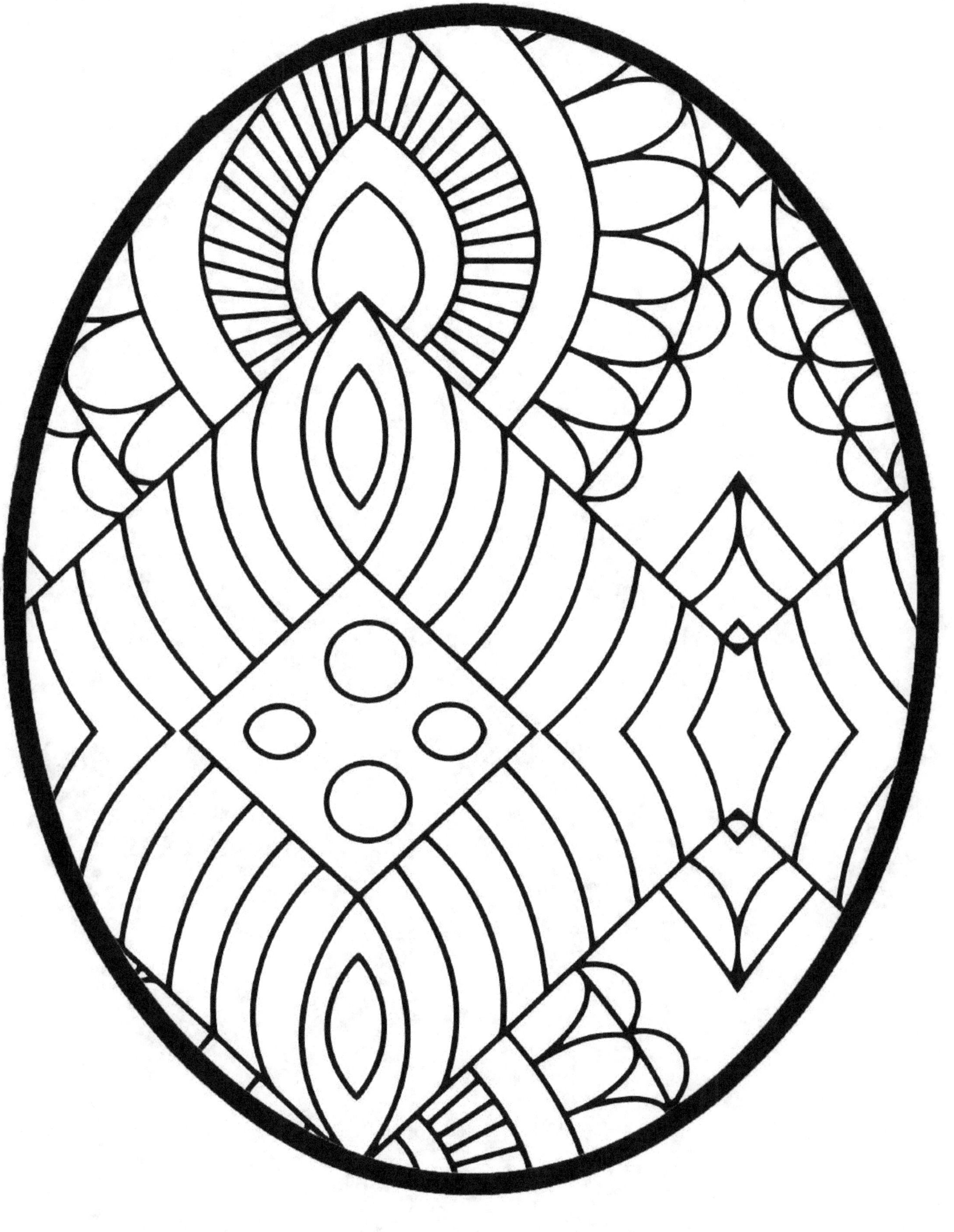

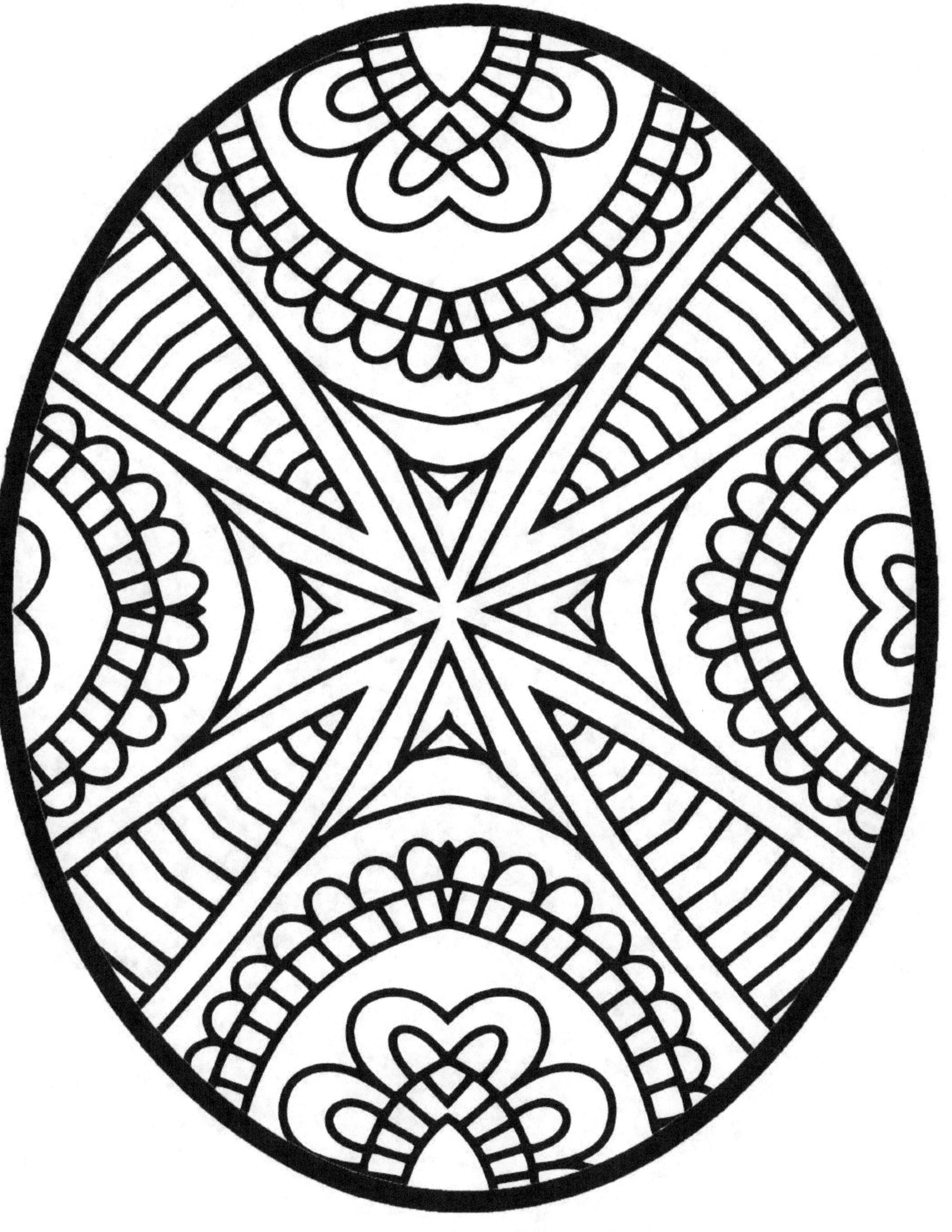

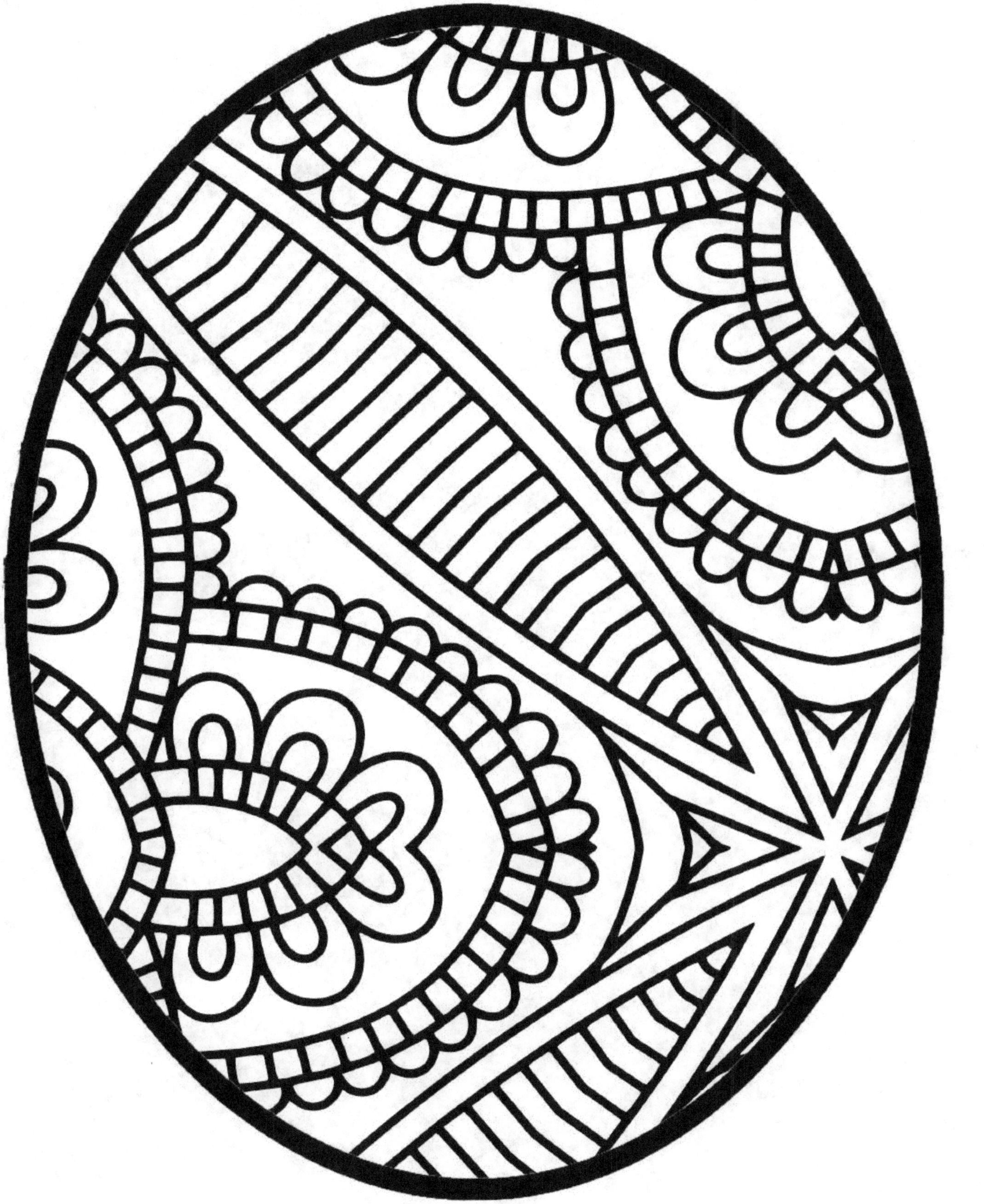

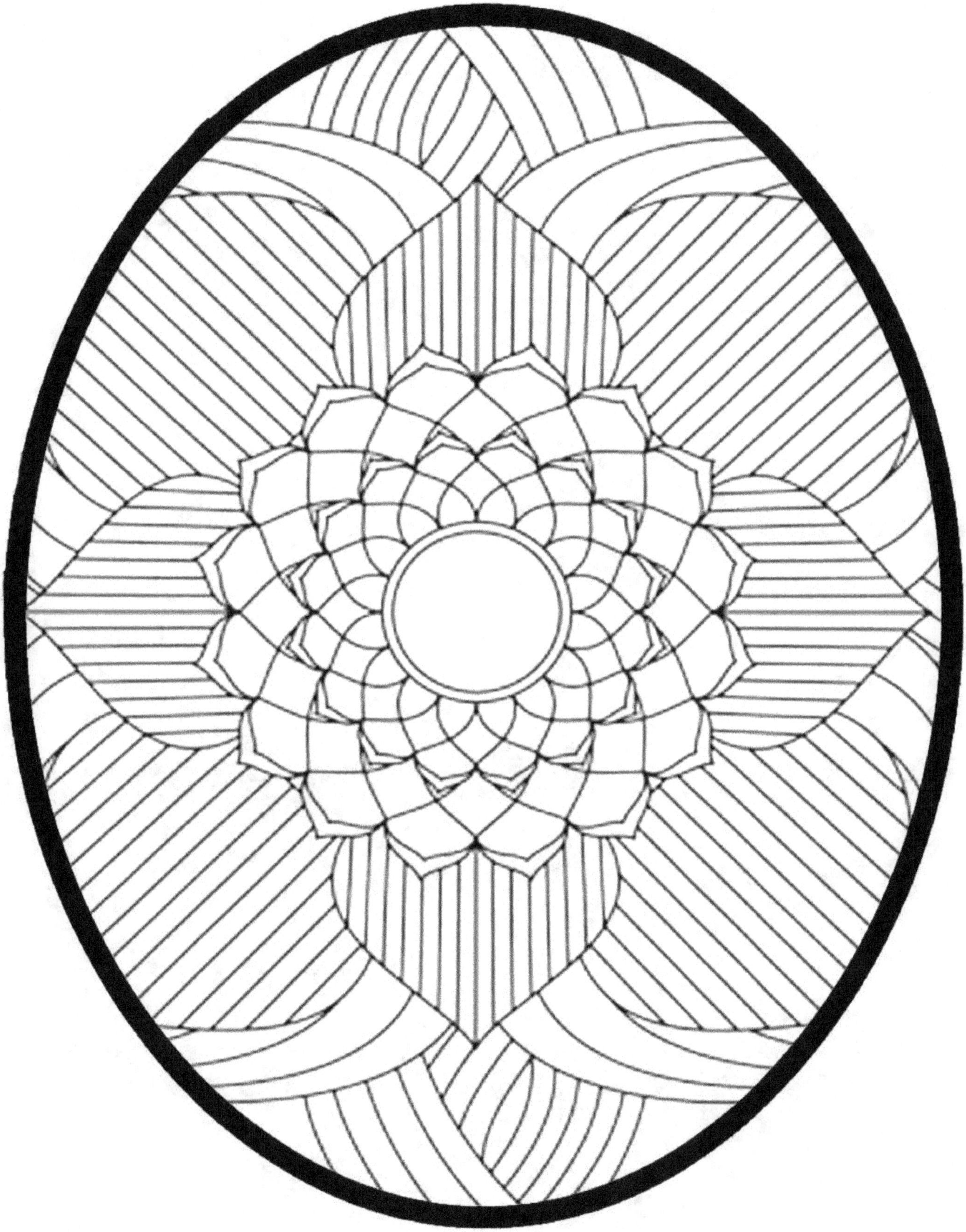

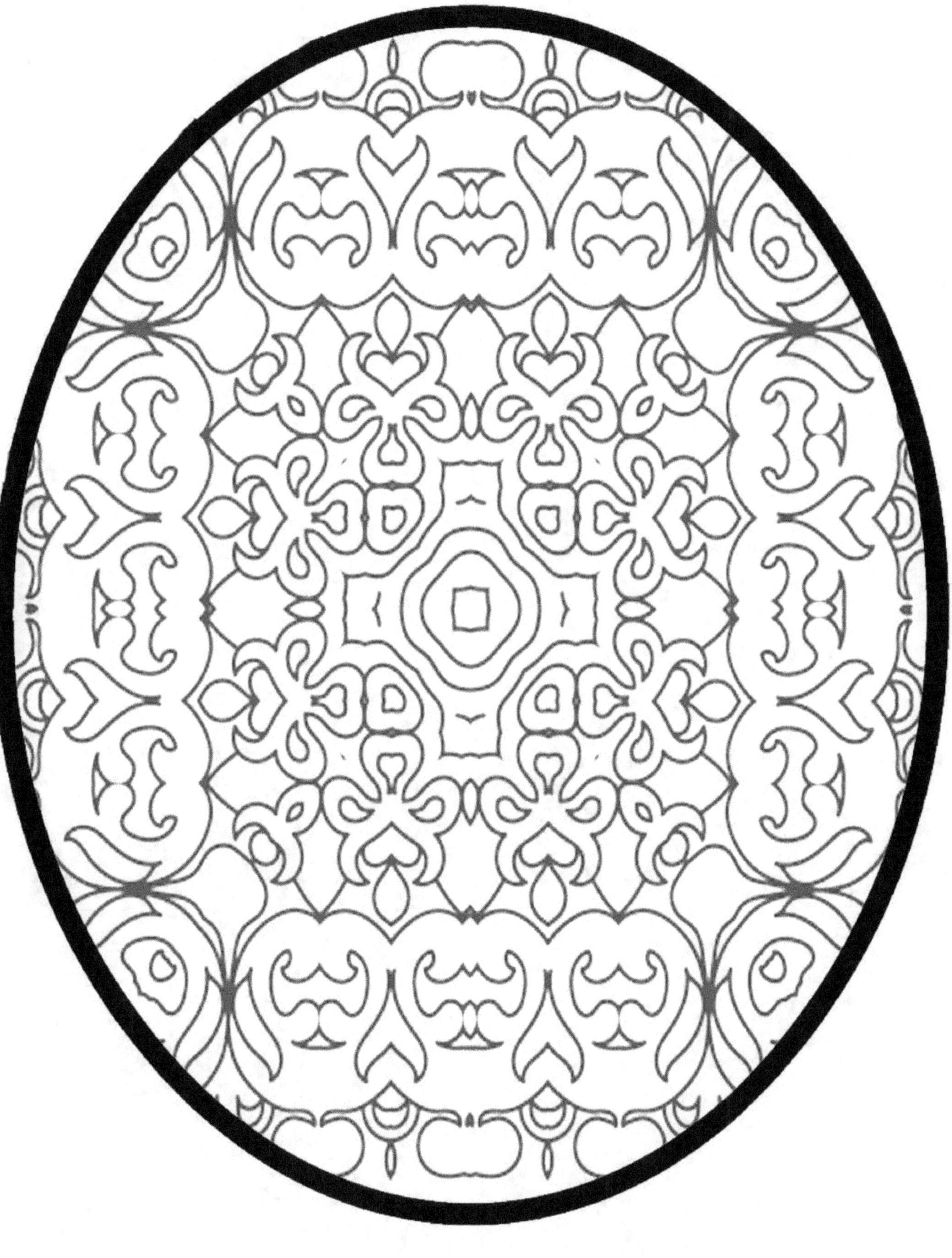

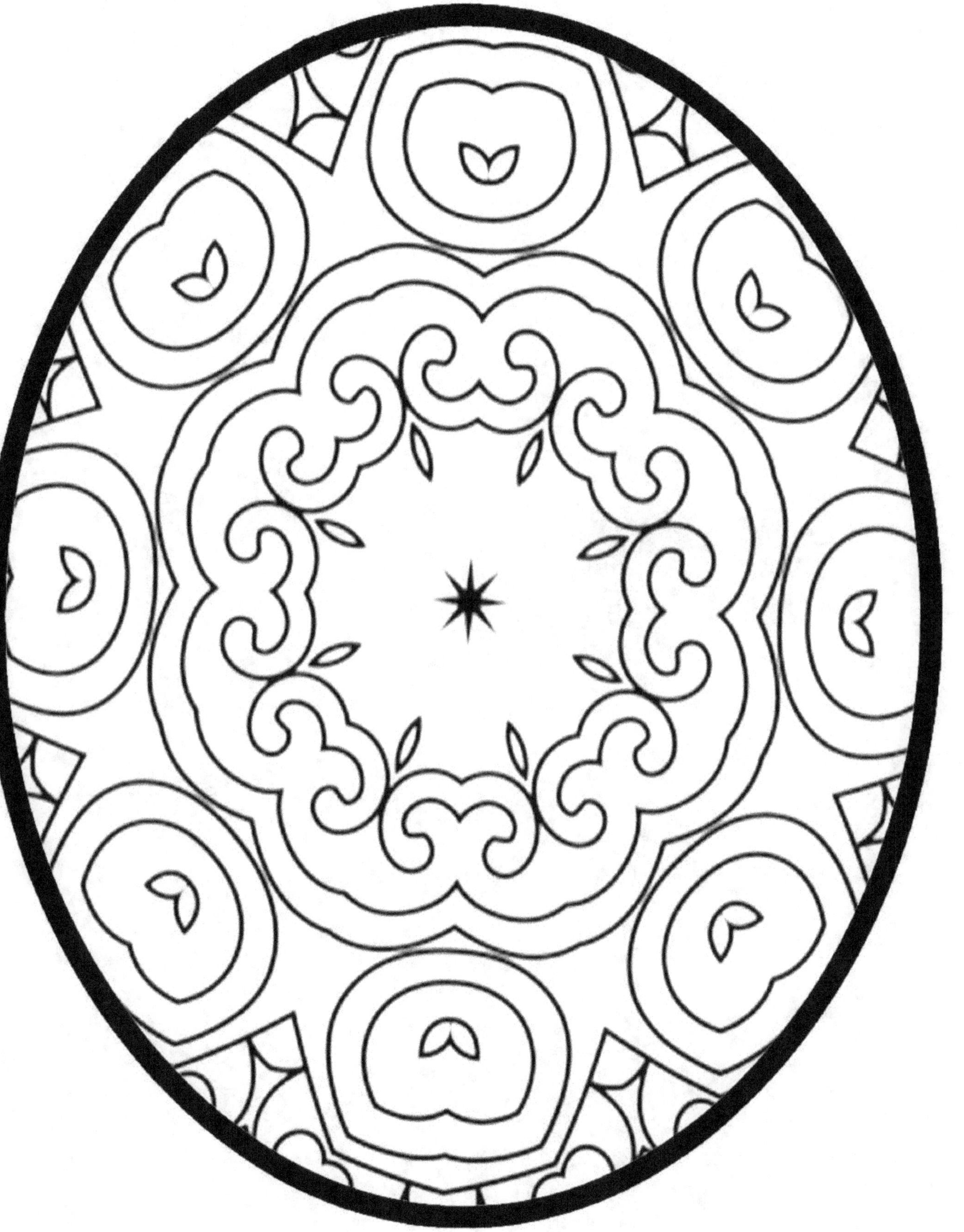

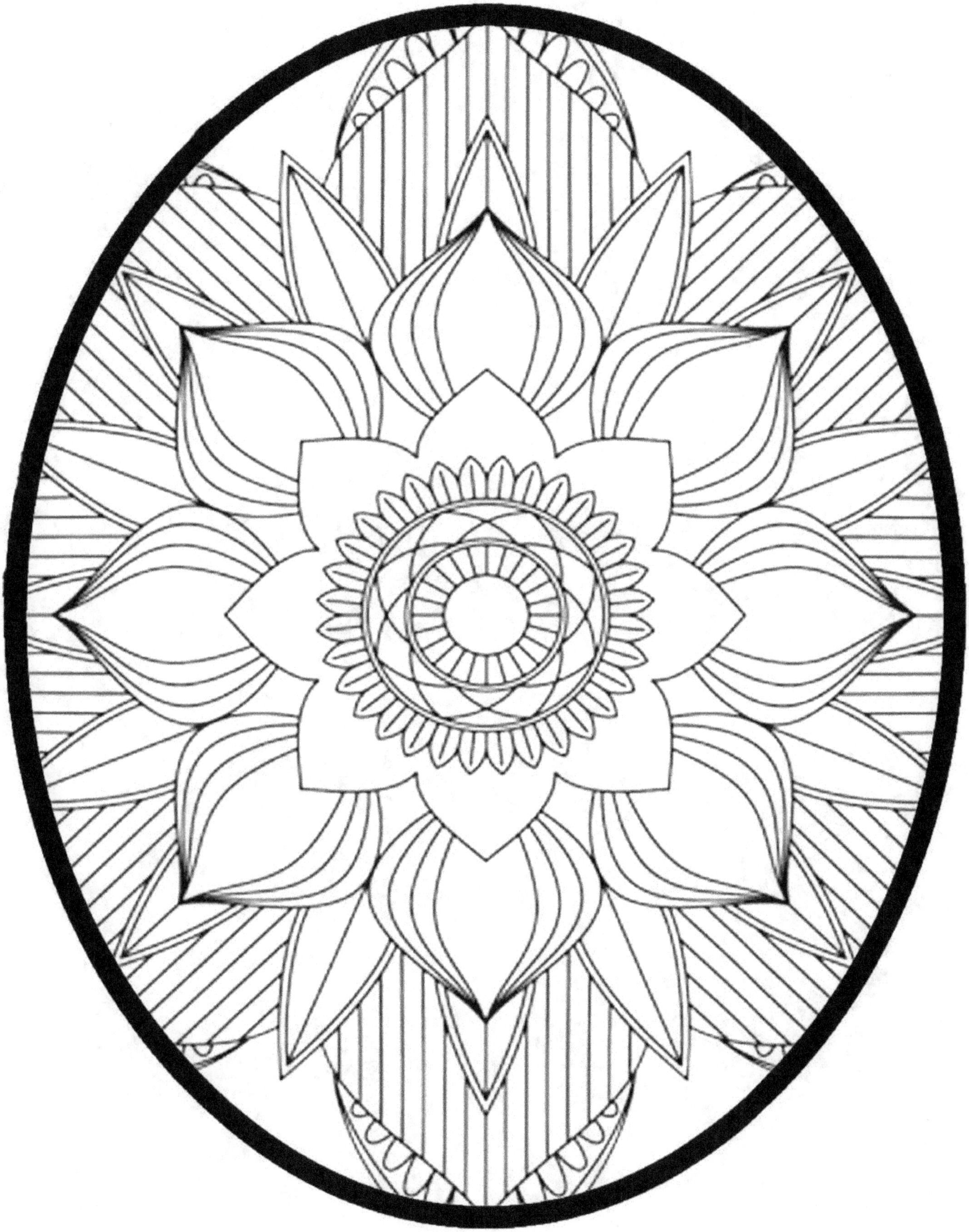

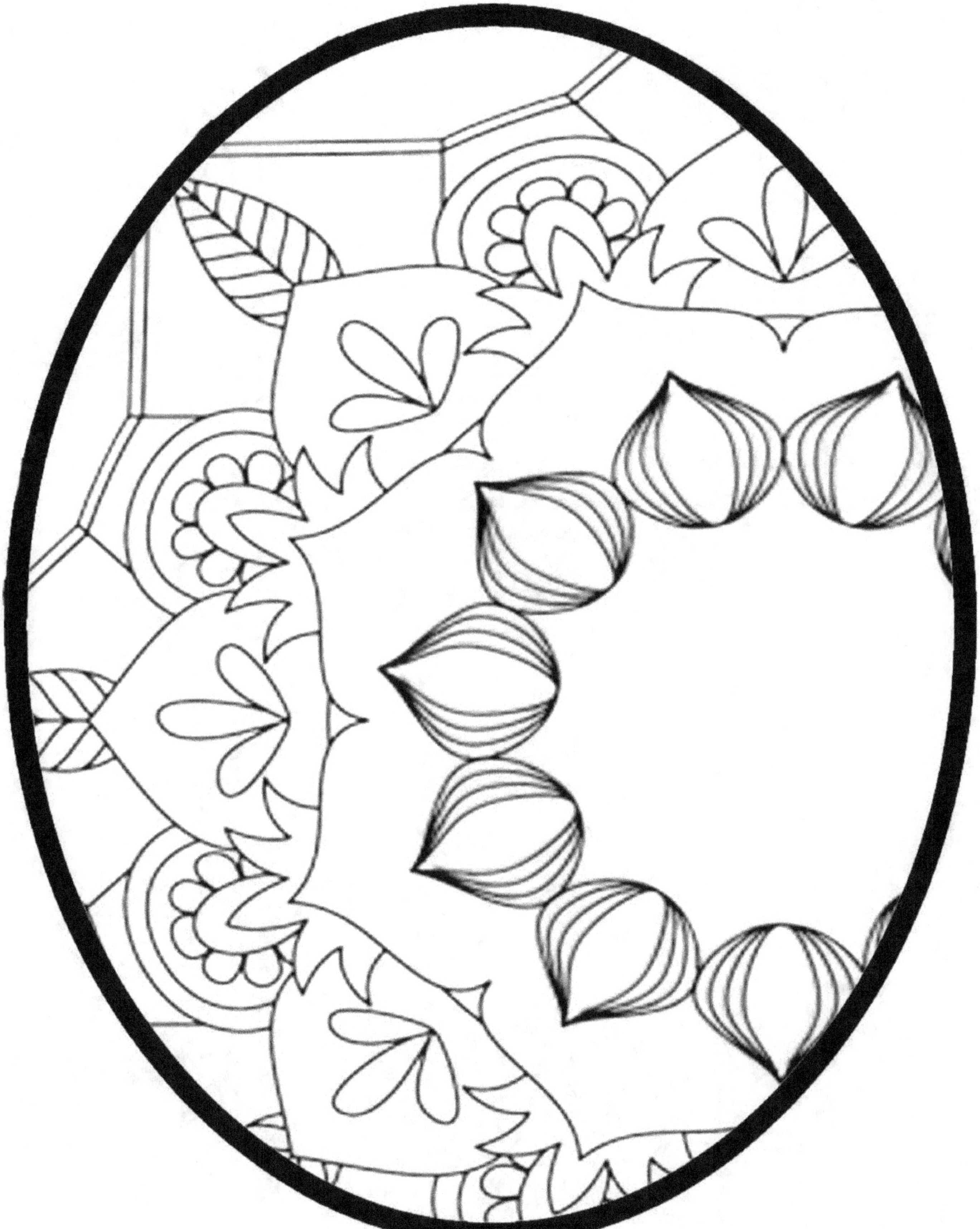

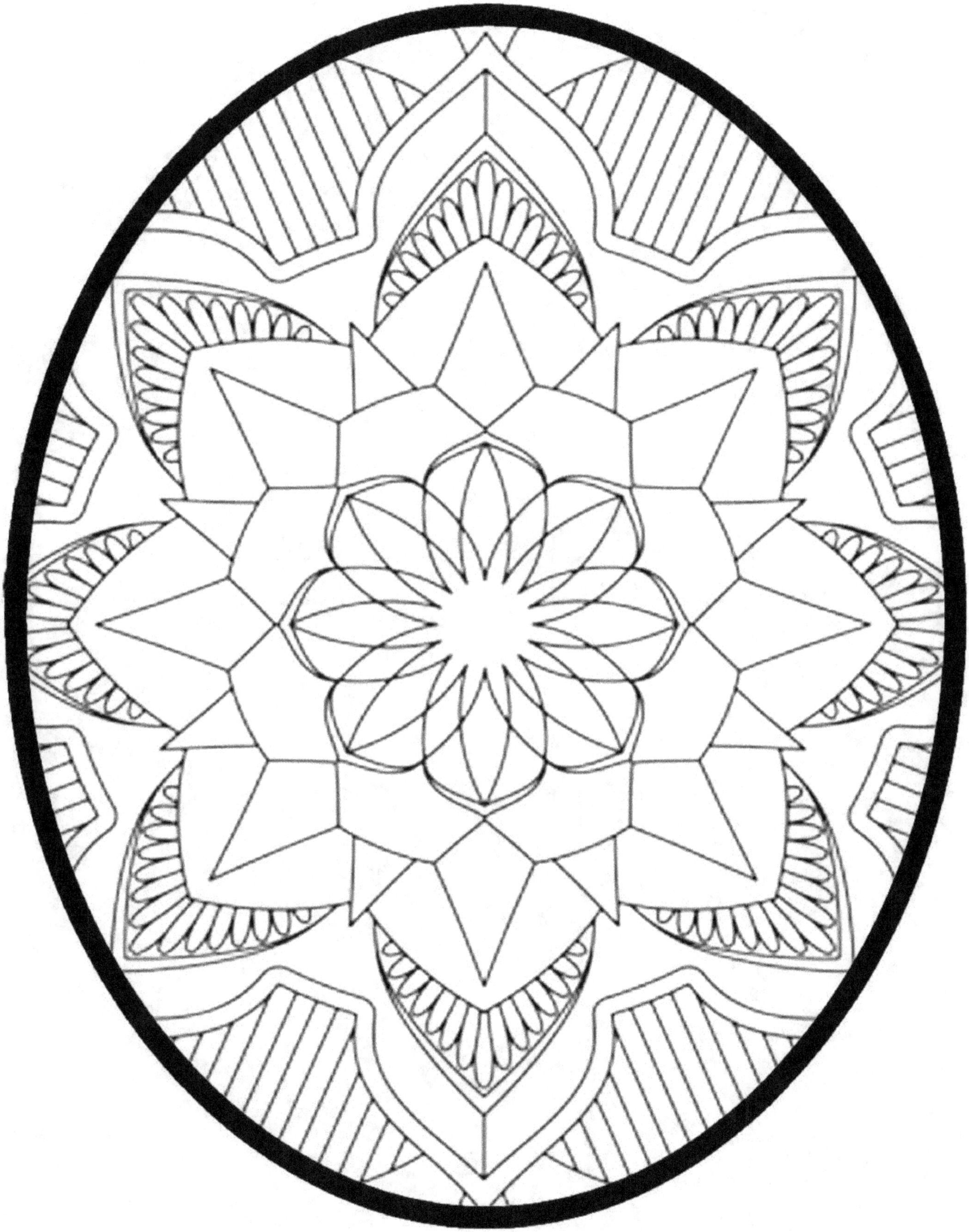

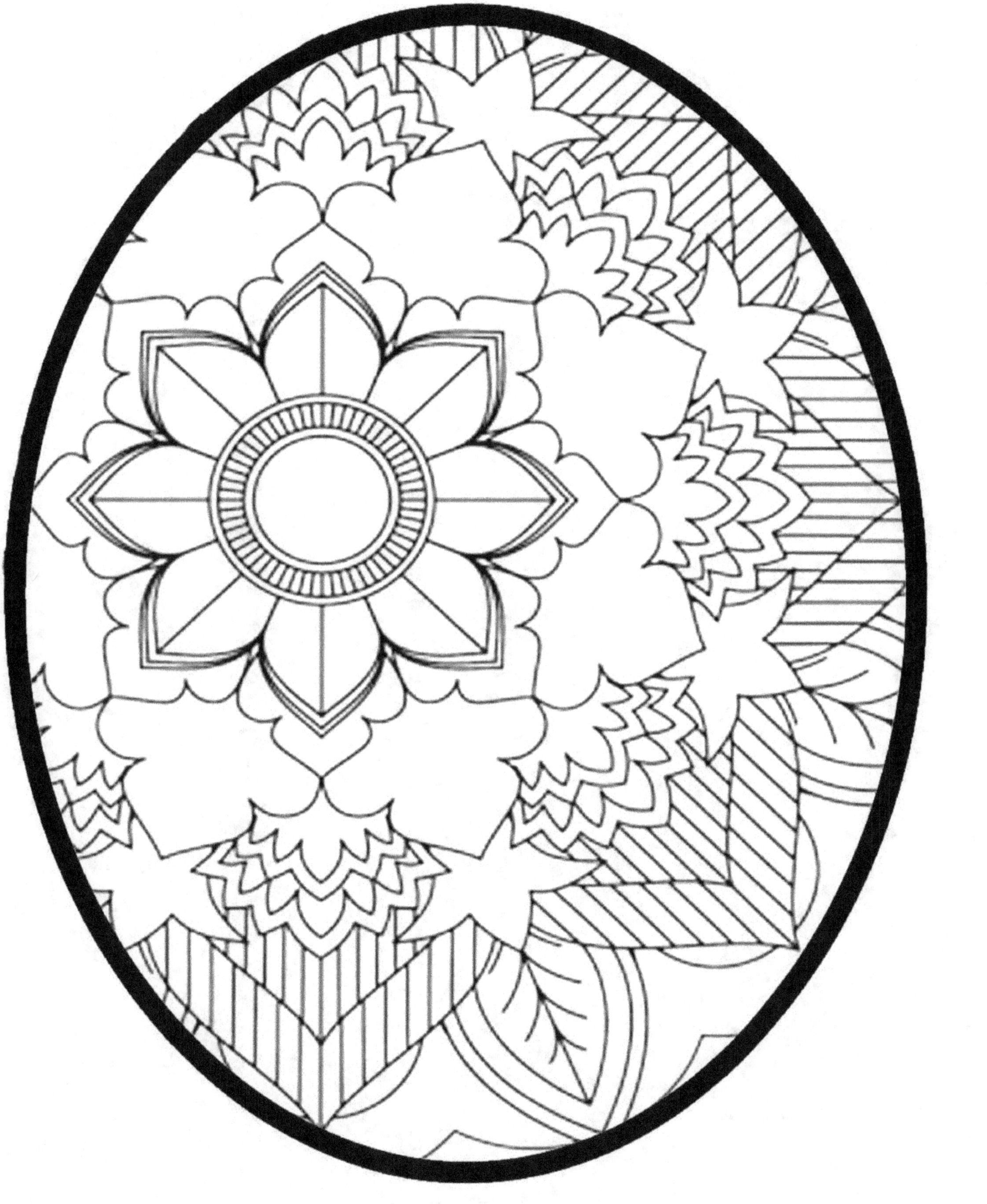

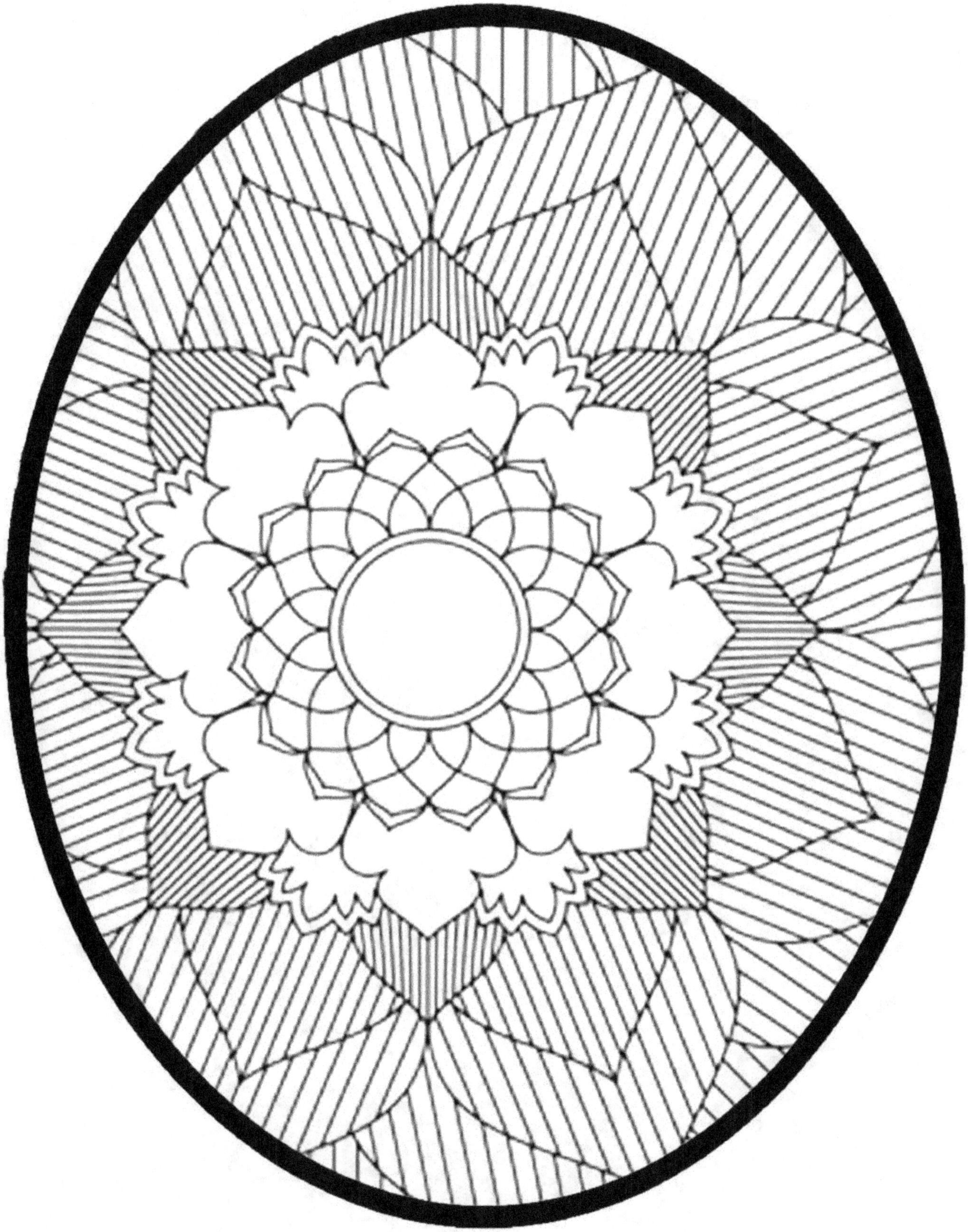

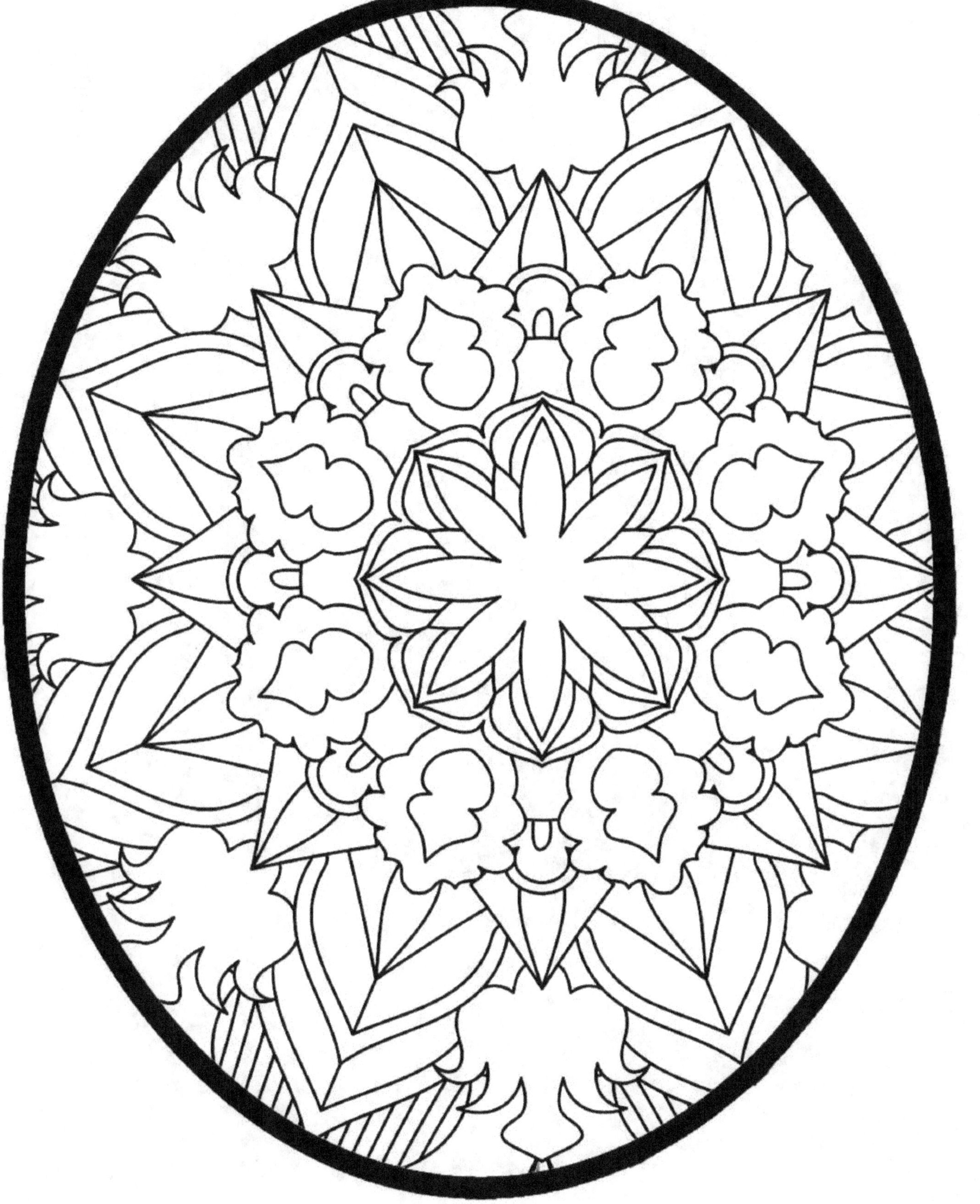

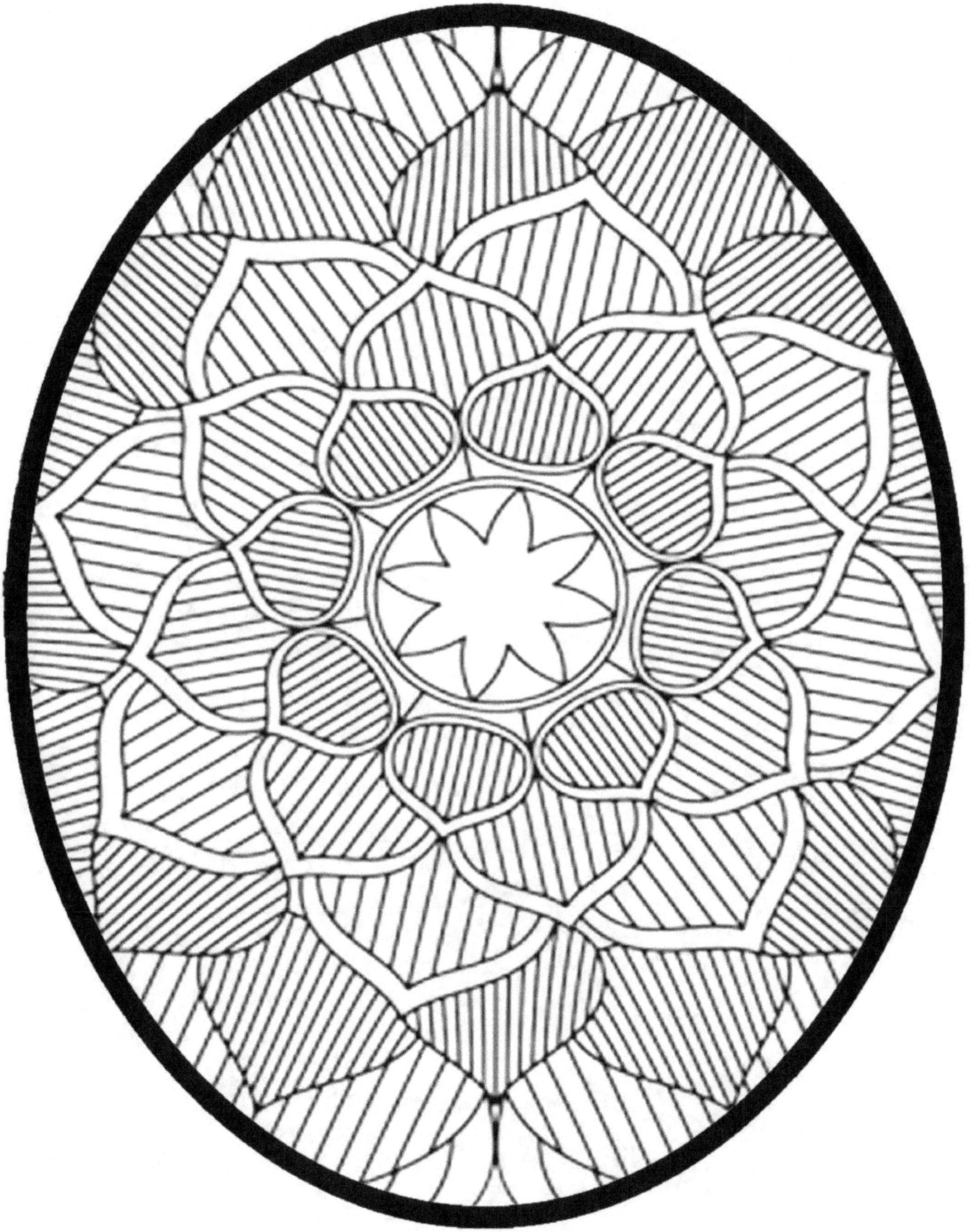

www.ingramcontent.com/pod-product-compliance
Lightning Source LLC
Chambersburg PA
CBHW081539220526
45467CB00010B/3255
* 9 7 9 8 7 1 0 2 1 9 1 8 8 *